PgM Canvas

Margareth F. Santos Carneiro
Anderson Furtado

PgM Canvas

Transformando visão em benefícios reais

Um guia de gerenciamento de programas para líderes e gestores

BRASPORT
Rio de Janeiro
2024

Editor: Antonio Muniz
Operação Editorial: Monaliza Rosario
Produção editorial: Marina dos Anjos Martins de Oliveira
Ilustrações: Ludmila Barros Costa
Editoração Eletrônica: Rinaldo Mickus
Capa: Rinaldo Mickus

Dados Internacionais de Catalogação na Publicação (CIP) (Câmara Brasileira do Livro, SP, Brasil)

Carneiro, Margareth

PgM canvas : transformando visão em benefícios reais : um guia de gerenciamento de programas para líderes e gestores / Margareth Carneiro, Anderson Furtado. -- 1. ed. -- Rio de Janeiro : Brasport Livros e Multimídia, 2024.

Bibliografia.
ISBN 978-65-6096-036-7

1. Administração de empresa 2. Desenvolvimento organizacional 3. Estratégia empresarial 4. Projetos - Desenvolvimento 5. Projetos - Elaboração 6. Projetos - Metodologia 7.Projetos - Planejamento I. Furtado, Anderson. II. Título.

24-231139 CDD-658.404

Índices para catálogo sistemático:

1. Projetos : Gerência : Administração de empresas 658.404

Aline Graziele Benitez - Bibliotecária - CRB-1/3129

BRASPORT Livros e Multimídia Ltda.
Rua Washington Luís, 9, sobreloja – Centro
20230-900 Rio de Janeiro-RJ
Tel./Fax: (21)2568.1415
e-mails: marketing@brasport.com.br; vendas@brasport.com.br; editorial@brasport.com.br
www.brasport.com.br

Sobre os autores

ANDERSON FURTADO

Expert em gerenciamento de projetos, programas e portfólios, em especial iniciativas de transformação digital, design organizacional e IA & *Machine Learning*, com habilidades liderança, governança, *compliance* e riscos. Autor da obra internacional "AI strategy for Web Development", pela editora Pocket. É *board member* da The Global Center for Risk and Innovation e cofundador das *startups* Hexismind e Leapkon. Possui diversas certificações, incluindo CGEIT, MSP e PMP há 12 anos. Atuou na implementação de quatro PMOs e atuou no gerenciamento de projetos e portfólio das Olimpíadas Rio 2016. Tem destacada atuação como Diretor de Programas no Ministério da Economia, Diretor de Projetos Substituto e Coordenador-Geral de Alinhamento de Programas no MCTI, e Diretor de Avaliação da Educação Básica junto ao Inep.

Doutorando em Ciência da Computação e Matemática Computacional, na área de Inteligência Artificial e Tecnologias Educacionais, pela Universidade de São Paulo. Mestre em Gestão Pública, possui especialização em Planejamento e Estratégias de Desenvolvimento, Gerenciamento de Projetos de TI e Docência Superior. Graduado em direito, com ênfase em Proteção de Dados Pessoais e *Compliance*.

Margareth Carneiro

Líder global na área de projetos, possui mais de 30 anos de experiência em gestão, com ênfase em liderança, gestão estratégica, gerenciamento de portfólio, programas e projetos. Voluntária atuante do PMI por mais de 24 anos, foi a primeira presidente do PMI-DF, galgou várias atuações no PMI internacional e ocupou uma cadeira no *Board* do PMI por dois mandatos (seis anos). Foi considerada pelo PMI uma das 25 mulheres influentes de gerenciamento de projetos do mundo e ganhou também dois prêmios: *PMI Distinguished Award* e *PMI Leader of the Year*. Certificada PMP há 24 anos, possui outras certificações, como PRINCE2®, MSP, SAFe®, PMI DSMM, PMI DAC, *IPA Project Development Roadmap* e outras. É coautora de sete livros da área e recentemente lançou o livro *Guia da Facilitação* em português e inglês. Implementou várias metodologias e oito PMOs ao longo da sua carreira. No Inep, foi responsável pela implementação do Programa de COBIT, o que inclui a implementação de um PMO, políticas e práticas de segurança cibernética, metodologias de gestão de projetos, dentre outras práticas. Atualmente está montando o PMO corporativo do órgão. Graduada em TI, especialista em Gestão de Projetos (FGV), Mestre em Gestão do Conhecimento e TI (UCB) e Doutora em Administração (UNR), com foco em Governança Corporativa e Gestão por Resultados no setor público. É diretora do *Board* do Agile Alliance.

Prefácio

A gestão de programas, uma disciplina intrinsecamente ligada à capacidade de liderar transformações estratégicas em um ambiente global e altamente digitalizado, é brilhantemente abordada por Margareth Carneiro e Anderson Furtado no inovador "PgM Canvas".

Numa era em que a velocidade da inovação é vertiginosa, com a inteligência artificial redefinindo os limites do que é possível em quase todos os aspectos das operações empresariais, a habilidade de orquestrar programas complexos se torna crucial. Nesse contexto, ferramentas como o "PgM Canvas" contribuem de forma decisiva para traduzir a complexidade e a multifacetada natureza dos programas em uma linguagem visual e acessível, permitindo uma gestão mais eficiente e eficaz.

O uso de um *canvas* promove uma compreensão clara, facilita a comunicação entre as partes interessadas e, crucialmente, apoia a implementação de estratégias com agilidade. Em tempos de constante mudança, a capacidade de visualizar e adaptar programas estratégicos em um único quadro se torna uma vantagem competitiva inigualável.

Este livro supera a sua natureza de manual prático para se tornar um guia essencial para líderes enfrentando os desafios de traduzir visões estratégicas em realidades tangíveis e bem-sucedidas. Margareth e Anderson partilham com a comunidade global de gestores uma perspectiva renovada sobre a gestão de programas, enfatizando a importância da colaboração, da adaptabilidade e da inovação.

Através de uma abordagem detalhada, que vai desde a concepção do "PgM Canvas" até a sua aplicação prática em estudos de caso reais, os autores nos conduzem por uma jornada de descoberta, demonstrando como, independentemente do setor ou do tamanho da organização, o "PgM Canvas" pode ser um aliado poderoso na realização de programas que não apenas atendem, como superam as expectativas estratégicas.

Estou certo de que será uma obra que nos apoiará por muitos anos, inspirando gestores e líderes a abraçar a complexidade com confiança e a liderar com visão de futuro. É uma leitura indispensável nos dias de hoje.

Ricardo Vargas, PhD

Líder em operações globais, gerenciamento de projetos, transformação de negócios e gerenciamento de crises. Fundador e diretor da Macrosolutions, empresa de consultoria com operações internacionais em energia, infraestrutura, TI, petróleo e finanças, ele administrou mais de US$ 20 bilhões em projetos internacionais nos últimos 25 anos. Ex-presidente do conselho do *Project Management Institute* (PMI), Ricardo criou e liderou a *Brightline Initiative* de 2016 a 2020 e foi diretor de gerenciamento de projetos e infraestrutura nas Nações Unidas, liderando mais de 1.000 projetos humanitários e de desenvolvimento. Ele escreveu 16 livros na área e fez 250 palestras em 40 países e é o apresentador do "5 Minutes Podcast", que alcançou mais de 12 milhões de visualizações.

Dores e propósito

A experiência profissional dos autores os fez vivenciar casos de sucesso e de fracassos que forjaram os profissionais que são atualmente. Ao longo dos anos, cada um com sua jornada enfrentou desafios que moldaram e refinaram suas essências profissionais.

Cada obstáculo superado, cada solução inovadora encontrada e, sobretudo, cada momento de liderança exercida contribuiu de forma indelével para a construção de cada um como profissional. Essas vivências não são meros acúmulos de conhecimento técnico; elas carregam em si histórias de resiliência, adaptação e conquista. E resultam em lições aprendidas e sonhos.

Em 2019 Margareth Carneiro foi convidada para integrar a equipe do MCTI (Ministério de Ciência e Tecnologia) e convidou colegas a participar da equipe, dentre eles Anderson Furtado.

Lá foram criadas metodologias de gestão de portfólio, programas e projetos, estes últimos usando *canvas*. Também foram implementados *dashboards*, software de gestão de projetos, um PMO central e depois uma rede de PMOs das unidades vinculadas.

Canvas de projetos já eram conhecidos graças à criação da metodologia *Project Model Canvas* por José Finocchio Jr. em 2013.

Em 2018 Wankes Leandro e Helber Vieira publicaram o livro *Canvas de Projetos - Project Design*, muito similar e que teve bastante uso no governo pela sua adoção em cursos da Enap.

O *canvas* de projetos desenvolvido no MCTI se inspirou nos dois, mas foi customizado para atender a necessidades próprias, como inclusão da EAP e quadrantes de análise de riscos (*Risk Canvas* de Helio Costa).

Para programas, foi desenvolvido um instrumento inspirado no *Program Model Canvas* de Luciano Sales. Este nunca editou um livro sobre o assunto e gentilmente realizou um *workshop* para o MCTI sobre o *canvas* contando sua experiência no Exército Brasileiro como gestor de programas na Amazônia. Tivemos também um treinamento com Alfredo Pereira, certificado MSP e PgMP, que trouxe valiosas contribuições.

No MCTI tivemos a oportunidade de conhecer profissionais extremamente gabaritados à frente de desafios como fomentar a indústria 4.0, a inteligência artificial, passando por construção de satélites, fomento da indústria de metais raros, pesquisa de vacinas, apoio ao empreendedorismo e outros campos de extrema relevância. Além do MCTI, tivemos contato com institutos vinculados ao MCTI, no total de 33, que lidam com desafios científicos, tecnológicos e de inovação.

Entretanto, apesar da capacidade técnica dos profissionais (doutores em assuntos específicos, muitos são referências no mundo científico), encontramos alguma carência de habilidades de gestão.

Vimos também uma carência de uso de metodologias de gestão de projetos em parte dos institutos. Algumas das unidades tinham muito boa maturidade na gestão de projetos, mas outras careciam de conhecimento e de instrumentos e metodologias. Cabe esclarecer que também careciam de mão-de-obra e de recursos financeiros, o que dificulta a boa gestão.

O papel de propor métodos, disseminar e treinar fazia parte da missão da Diretoria de Gestão de Projetos, de forma a colaborar para diminuir a lacuna encontrada.

Quando do mapeamento de inciativas para compor o portfólio, foram identificadas sobreposição de iniciativas em departamentos/institutos distintos, lacunas não atendidas e iniciativas com mesmo escopo, indo para direções opostas.

O simples mapeamento das iniciativas não foi fácil, por resistência cultural, mas também pela falta de estruturação e sistematização dos projetos. Mas ao final deu visibilidade, antes não existente, que permitiu tomada de decisões. Foi identificado que o MCTI, unidade central, era um campo fértil para gestão de programas. As iniciativas dispersas poderiam ser agrupadas em programas temáticos que seriam gerenciados e trariam os benefícios que a gestão de programas traz: permitir o alinhamento das iniciativas às políticas públicas, planos nacionais etc.; melhorar a governança e a transparência; permitir a gestão harmônica e coordenada das iniciativas com um objetivo em comum; permitir gestão de riscos consolidada; aumentar a capacidade de tomada de decisões etc.

Foram identificados programas potenciais, como Indústria 4.0 no Brasil, Programa de Nanotecnologia, Programa de Metais Raros, Popularização da Ciência, Fomento ao Empreendedorismo e outros.

As iniciativas dispersas foram incorporadas aos programas, que deveriam desenvolver sua missão, indicadores e benefícios, *roadmap* e outros instrumentos que o *canvas* prega.

O Departamento de Gestão de Projetos (DEGEP) treinou muitas pessoas e utilizou os instrumentos *canvas* e sistemas para assessorar o planejamento tanto de projetos como dos programas identificados.

Muitos programas/projetos foram estruturados, mas não foi possível, durante os trabalhos, estruturar todos. Muitos dos servidores utilizavam os instrumentos com maestria e desenvolveram excelentes planos.

Com a mudança de liderança, a secretaria responsável foi extinta. Entretanto, sabemos que plantamos sementes e que muitos dos profissionais foram treinados, vários foram certificados PRINCE2® e com certeza entenderam a necessidade de melhor estruturação e gestão dos seus programas e projetos.

O *canvas* de programas desenvolvido durante os trabalhos no MCTI sofreu alterações pelos autores com base nas experiências e lições aprendidas. O método está em uso no Inep, no programa de implementação do COBIT.

Os autores têm a clareza de que a gestão de programas com uso de métodos e instrumentos apropriados ainda é pouco conhecida e usada no Brasil, e as organizações e a sociedade poderiam se beneficiar muito se fosse difundida. Aliás, se ainda é flagrada a carência na gestão adequada de projetos, o que dizer de programas?

Ficamos a imaginar quantas instituições estão fazendo transformações digitais de forma desestruturada, quantas políticas públicas não são suportadas por programas geridos apropriadamente, sem que a população saiba aonde se pretende chegar? Quais benefícios vão trazer? Existem medições e acompanhamentos apropriados ao longo do tempo? Quanto investimento foi feito sem resultados visíveis, sem benefícios palpáveis? São angústias poucas vezes respondidas.

Humildemente consideramos que podemos ajudar a preencher essa lacuna com este livro e, sobretudo, com o método **PgM Canvas**. Não é bala de prata, não soluciona tudo, mas com certeza auxilia em grande parte dos casos.

Identificamos na nossa jornada problemas reais resultantes do não conhecimento da existência de metodologias e *frameworks* adequados ao gerenciamento de programas:

- **Programas sendo tratados como "grandes projetos":** quando programas são erroneamente tratados como grandes projetos, os gestores podem negligenciar a complexidade inerente à coordenação de vários projetos interligados. Essa abordagem simplista pode levar a lacunas na entrega, ao não alcance de benefícios e ao não aproveitamento de sinergias que poderiam aumentar a eficiência e eficácia. Além disso, a gestão fica engessada e não flexível, como deve ser a gestão de programas.

- **Programas gerenciados com métodos, técnicas e ferramentas de projetos:** cada projeto e programa tem suas próprias necessidades de gerenciamento. Quando métodos, técnicas e ferramentas de gerenciamento de projetos são aplicados a programas, eles podem não ser adequados para lidar com a complexidade adicional e a integração necessária. Isso pode resultar em uma falta de visibilidade sobre o progresso e as dependências entre os projetos dentro do programa. Não serão feitas *tranches*, gestão de benefícios e outras práticas relevantes. Se o método for em cascata, não será adequado à dinâmica inerente aos programas, engessando a realização de atividades.

- **Busca de realizar benefícios por meio de projetos:** o objetivo de qualquer organização ao realizar projetos e programas é alcançar objetivos estratégicos. Entretanto, projetos não realizam benefícios, quem realiza benefícios é a operação. Projetos entregam produtos/serviços. O uso/a venda/a operação destes produtos/serviços realiza os benefícios desejados. Já programas têm foco na realização dos benefícios e por isso seus horizontes vão até a transição para a operação e coleta de benefícios durante o seu *roadmap*, que costuma ser de médio a longo prazo.

- **Projetos com longa duração:** projetos com longa duração podem ser indicativos de que, na verdade, estamos lidando com programas. A gestão inadequada pode levar a essa confusão, onde um programa é tratado como um projeto de longo prazo. Isso pode resultar em falta de coordenação entre os projetos dentro do programa e à perda de oportunidades de otimização. No MCTI identificamos "projetos" de 12 anos que na verdade eram processos/ operações. Nem mesmo programas eram.

Em resumo, a gestão de programas desempenha um papel crítico na coordenação eficaz de projetos interdependentes para atingir objetivos estratégicos e trazer benefícios.

Ignorar essa disciplina ou tratá-la de maneira inadequada pode resultar em ineficiências, desperdício de recursos e não realização dos benefícios desejados pela organização.

É fundamental reconhecer a diferença entre projetos e programas e aplicar as melhores práticas de gerenciamento de programas sempre que apropriado para garantir o sucesso organizacional.

Precisamente, esta é a missão deste livro. Temos a honra de compartilhar com você não apenas um livro, mas o resultado tangível dessa missão, resultado da jornada que nos levou e ainda levará a explorar o vasto território do potencial organizacional e colaborativo na entrega de benefícios. Este livro não é apenas um guia, mas uma chamada à ação, um convite para transformar vidas, organizações e, em última instância, o mundo em que vivemos.

Parece exagero, mas não é. Temos convicção de que a boa gestão de programas e dos seus projetos constituintes pode revolucionar, aprimorar e transformar o mundo, as empresas e as vidas das pessoas beneficiadas por eles.

Consideramos que o **PgM Canvas** é uma ferramenta poderosa para despertar e ativar o potencial humano e da organização para a realização de transformações positivas. Seja no setor público, privado ou terceiro setor, as respostas para os desafios do mundo estão no potencial coletivo.

Queremos inspirar você a pensar grande, a agir com visão de longo prazo. A repensar a forma de gerir programas, caso já o faça, ou dar-lhe a confiança de que pode partir para desafios maiores, mais complexos e, portanto, mais valiosos e impactantes.

Aqui você não encontrará apenas teoria, mas ação. O **PgM Canvas** é um mapa para se tornar um líder que não apenas soluciona problemas, mas também inspira outros a fazerem o mesmo. Uma forma simples e intuitiva, porém poderosa, que permite a concepção e o planejamento de um programa de forma colaborativa e que dá uma percepção coletiva e holística de todo o programa, o que facilita a sua gestão.

O nosso intuito é que você use o livro para agir no seu dia a dia. Que inspire sua empresa a utilizar nos grandes desafios. Não importa se vai usar em um programa de transformação digital, em um programa de internacionalização da sua empresa, em um programa social com participação multilateral ou um programa federal de redução da violência urbana. Todos podem se beneficiar com essa abordagem.

Convidamos você a usar as ferramentas e as histórias aqui compartilhadas para fazer a diferença em sua vida e na vida daqueles ao seu redor. Não subestime o poder de ações bem direcionadas. Juntos podemos criar um movimento de transformação.

Então, mergulhe no **PgM Canvas** com a mente aberta e o coração disposto.

Agradecemos com alegria a sua disposição para essa jornada.

Sumário

Introdução **1**

1. O que são programas e por que são importantes? **5**

1.1. Mas o que são programas? 6

1.2. Tipos de programas 8

1.3. Por que gestão de programas? 9

2. Para que serve o *canvas*? **14**

3. Os padrões mais utilizados **21**

3.1. O padrão PMI 22

3.2. Domínios 25

3.3. O framework MSP 26

3.4. Processos do MSP 27

3.5. Princípios do MSP 28

3.6. Temas ... 30

4. Os padrões e o PgM Canvas ... 32

5. Eis o PgM Canvas! ... 35

5.1. Dimensões do PgM Canvas ... 36

5.2. Perguntas-chave do PgM Canvas ... 39

5.3. Campos do PgM Canvas ... 41

6. Utilizando o PgM Canvas ... 42

6.1. Justificativa: por que fazer o programa? ... 45

6.2. Capacidade atual: o que temos? ... 48

6.3. Visão de futuro: o que queremos alcançar? ... 53

6.4. Capacidades futuras: que capacidades precisamos obter? ... 57

6.5. Benefícios: qual impacto desejamos gerar? ... 62

6.6. Produtos/Tranches: o que precisa ser feito? ... 73

6.7. Riscos: quais são as incertezas existentes no caminho? ... 85

6.8. Metas: como medir o progresso? ... 92

6.9. Stakeholders: quem são as partes interessadas? ... 98

6.10. Financiamentos: como vamos pagar tudo isso? ... 106

6.11. Governança: quem vai dirigir, monitorar e avaliar? 113

7. Estudo de caso – Gestão de programas na administração pública 121

8. Práticas de gestão de programas 127

8.1. Acostume-se com a ambiguidade 128

8.2. Adote uma abordagem enxuta (lean) 129

8.3. Não perca o propósito de vista 130

8.4. Comunicação é vital 131

8.5. O sucesso dos programas depende também dos projetos 132

8.6. Gestão de stakeholders é chave 133

8.7. Dê ritmo, acompanhe as mudanças e gerencie os benefícios 134

8.8. Programas avançam para a operação 136

8.9. Fique alerta aos desafios mais comuns 138

Referências 140

Sobre a Brasport 144

Introdução

As empresas realizam suas estratégias por meio de ações, que, via de regra, são projetos e atividades continuadas.

Entre a estratégia e a ação, que efetivamente entrega produtos e serviços, podem existir os programas, que são, conforme o padrão de gestão de programas do *Project Management Institute* (PMI, 2017b), conjuntos de projetos, subprogramas e atividades (operações) gerenciados de forma coordenada para a obtenção de benefícios que não seriam alcançados se fossem gerenciados individualmente.

Para o PMI, os subprogramas ou programas subsidiários são programas patrocinados e conduzidos para obter um subconjunto de metas importantes para o programa primário. Tanto os programas (e seus subprogramas) quanto os projetos e ações continuadas são parte do portfólio da instituição.

Os governos também articulam as ações em programas. Seja na estruturação do orçamento público, seja na sistematização de políticas públicas, programas são nomeados com o propósito de fazer gerar resultados para a sociedade.

O termo "programa" é, de fato, bastante utilizado no setor público, por estar assim esculpido nas leis e peças orçamentárias e, sobretudo, por mais se aproximar das políticas públicas. Muitas políticas públicas setoriais são, de fato, consubstanciadas como programas. Porém, como veremos a seguir, nem sempre o termo utilizado no governo se enquadra, se não conceitualmente, pelo menos na prática, com a definição utilizada neste livro.

Organismos internacionais também utilizam programas para concretizar sua missão. A cooperação entre países (bilaterais ou multilaterais) é geralmente estruturada em projetos e programas, permitindo que sejam gerados resultados e benefícios de caráter pontual ou estruturante.

Por fim, organizações privadas, sobretudo as médias e grandes, lançam mão de programas para alcance de suas estratégias, de maneira a organizar ações de forma estruturada que permitam o alcance dos objetivos.

O objetivo final de um programa é obter resultados e benefícios de relevância estratégica, de alto nível. Para tal, um programa é projetado como uma organização flexível temporária criada para coordenar, dirigir e supervisionar a implementação de um conjunto de projetos e atividades relacionados, a fim de fornecer resultados e benefícios concernentes aos objetivos estratégicos da organização, à missão de um organismo internacional, ao atendimento a políticas públicas ou ao plano de um governo.

Apesar do uso do termo "programa" estar presente em várias realidades, e sistematização de projetos e ações em programas serem frequentes, observa-se uma carência de uso de práticas sistematizadas e boas práticas na concepção e na gestão de programas na área pública, no terceiro setor e no setor privado.

Este livro tem enfoque em um método simples, colaborativo e efetivo de concepção e planejamento de um programa, de forma aderente às boas práticas internacionais de gestão de programas, sobretudo as estabelecidas pelo PMI (*Standard for Program Magement*) e pela Axelos (o MSP, *Managing Successul Programmes*). Nossa proposta é auxiliar qualquer organização, seja privada, terceiro setor ou governamental, na tarefa de conceber e planejar um programa.

Apesar do cunho prático, foram considerados vários autores e outros modelos para dar sustentação teórica ao presente livro. Além do *canvas* em si, coração da proposta desta obra, são apresentadas algumas ferramentas e boas práticas de concepção e de gestão que poderão ser utilizadas seu dia a dia. O livro é resultado de experiências profissionais dos autores em empresas como Unisys, Sebrae, Serpro, Inep e, mais recentemente, durante o trabalho desempenhado durante dois anos e meio no Ministério da Ciência e Tecnologia, quando foi implementado um PMO, foi concebido um *framework* de gestão de portfólio, programas e projetos e foram implementados *dashboards* e ferramentas no âmbito do MCTI e de dezenas de institutos de pesquisa vinculados a uma rede de PMOs de ciência e tecnologia.

O livro apresenta uma abordagem completa para a gestão de programas em organizações. Composta por oito capítulos, a obra tem como objetivo introduzir o leitor ao conceito de gestão de programas, mostrar sua importância para as organizações e apresentar ferramental para concepção e planejamento de programas. A partir do segundo capítulo, o livro apresenta o que é um programa, as diferenças entre programas, projetos e operações, e os benefícios da gestão de programas. Em seguida, é apresentado o ciclo de vida da gestão de programas e o *canvas* de programas, que é explicado em detalhes no Capítulo 5. A partir do Capítulo 6, o livro apresenta um passo a passo para a utilização do **PgM Canvas** na gestão de programas, ensinando como justificar e comunicar o valor do programa, como identificar e alinhar as expectativas dos *stakeholders*, como medir e melhorar a capacidade de gerenciamento, como identificar e gerenciar riscos, como estabelecer e monitorar metas, como planejar e gerenciar o financiamento e como estabelecer e gerenciar a governança. O livro também apresenta estudos de caso e boas práticas, técnicas e ferramentas úteis para a gestão de programas, e conclui resumindo os principais aprendizados e recomendações para aplicar os conceitos e técnicas apresentados no livro.

1. O que são programas e por que são importantes?

O gerenciamento de programas é fundamental para as organizações que buscam alcançar resultados estratégicos e melhorar sua capacidade de entrega de valor por meio do gerenciamento de projetos.

Como afirma o *The Standard for Program Management*, do PMI (2017b), "a gestão de programas é o processo de gerenciar múltiplos projetos conjuntamente para alcançar benefícios e controles que não seriam possíveis gerenciando esses projetos individualmente".

O MSP (*Managing Successul Programmes*), da Axelos (2020), também destaca a importância da gestão de programas para alinhar projetos à estratégia organizacional e maximizar o valor para os *stakeholders*.

A gestão de programas é importante porque permite que as organizações alcancem objetivos estratégicos de forma mais eficaz e eficiente e alcance benefícios. A gestão de programas fornece uma visão geral dos projetos relacionados e permite que os gerentes de programas alinhem os esforços dos projetos e gerem recursos de forma mais eficaz. Isso pode levar a melhores resultados e maior satisfação dos *stakeholders*.

1.1. Mas o que são programas?

Segundo o MSP da Axelos (2020), programa é uma organização flexível e temporária criada para coordenar e supervisionar a implementação de um conjunto de projetos e atividades relacionados para entrega de resultados e benefícios que estejam relacionados aos objetivos estratégicos da organização.

Segundo o padrão de gerenciamento de programas do PMI (2017b), programa é um grupo de projetos, subprogramas e atividades (relacionados) que são gerenciados de forma coordenada para obter benefícios que não seriam possíveis se fossem gerenciados individualmente.

Para este livro, simplificamos o conceito para: programa é um conjunto de projetos e iniciativas com um objetivo comum e que trazem benefícios.

A natureza dos programas costuma ser mais complexa que projetos. Os programas geralmente exigem o comprometimento e o envolvimento ativo de mais de uma organização para alcançar os resultados desejados ou, no mínimo, são transversais às instituições.

Programas oferecem um ou mais benefícios mensuráveis (portanto requerem uso de indicadores), que demonstram as melhorias alcançadas, esperadas por uma ou mais partes interessadas. No ambiente governamental, às vezes os programas envolvem atores de organismos internacionais, entes de diferentes poderes, órgãos ou esferas (federal, estadual e municipal), imprimindo caráter de alta complexidade na gestão de partes interessadas. Essa complexidade se repete no ambiente de programas de organismos internacionais.

Importante destacar que os programas são parte de um todo e, além do alinhamento à estratégia organizacional (ou alinhamento a políticas públicas ou missão) que lhes é peculiar, precisam conciliar suas práticas à gestão de mudanças, pois impactam em transformações de realidades, devendo estar, por exemplo, alinhados à governança corporativa, à gestão financeira e de pessoas e a outras áreas de suporte da instituição ou do governo.

Como exemplo, suponha um programa com a missão de fazer com que o Brasil seja considerado um dos 10 países mais inovadores do planeta. Todos os projetos e iniciativas desse programa deveriam concorrer para alcançar esse objetivo.

O QUE SÃO PROGRAMAS - O QUE FALAM OUTROS AUTORES:

Na defio Thiry (2015), "programa é uma coleção de ações de mudança propositadamente agrupadas para gerar valor a um número de partes interessadas". Para ele, a definição destaca o fato de que agrupar as ações em um programa deve ser proposital, deve identificar importantes interdependências e sinergias entre ações e partes interessadas. Reconhece ainda que programas são feitos de projetos e outras ações de transição e integração que precisam ser gerenciados juntos para criar sustentabilidade na mudança, tanto estratégica quando incremental, e que eles realizam benefícios, podendo ser táticos ou operacionais. Para o autor, o gerenciamento de programas (PgM) está se desenvolvendo rapidamente como o elo essencial entre estratégia e projetos e como veículo para a mudança organizacional. Oferece os meios para gerenciar grupos de projetos com um objetivo comum, de maneira integrada e eficaz. Trata-se, portanto, de conhecimento e práticas ainda emergentes, se comparadas com as de gerenciamento de projetos.

Os programas devem ser sensíveis ao contexto, pois a diversidade de tipos de programas e contextos diferentes evidencia a necessidade de adaptar a organização e as abordagens de gestão para as necessidades específicas do contexto (PELLEGRINELLI; MURRAY-WEBSTER; TURNER, 2015; ANGUS; KITTLER, 2012).

As organizações contemporâneas são caracterizadas pela mudança, e os programas são um meio de mudança organizacional em grande escala e transformação de negócios. Como projetos únicos e tradicionais abordagens de gerenciamento de projetos podem não atingir transformações em grande escala, mudanças complexas em forma de programas tornaram-se cada vez mais comuns (MARTINSUO; HOVERFÄLT, 2018).

1.2. Tipos de programas

- **Programa emergente:** um programa que acontece de iniciativas (projetos e ações) já correntes que, agrupadas, podem trazer benefícios com gestão coordenada e maior alcance de resultados. Tais projetos podem ser agrupados e gerenciados como um subportfólio ou programa. Se for um programa, deve ser identificado um propósito ou objetivo maior que una todos (THIRY, 2015). Os benefícios serão alcançados pela gestão das interdependências, pela sinergia de ações, pela gestão de conflitos etc. É uma abordagem do tipo *bottom-up*, pois iniciativas e projetos existem de forma difusa e são organizados como um programa. Grande parte dos programas do MCTI citados anteriormente foi definida na abordagem emergente.

- **Programa orientado a visão:** programa criado para entregar uma visão clara e definida criada por um patrocinador ou pela alta administração. É uma abordagem que tende a ser *top-down*, geralmente com implicações multidepartamentais. Tipicamente, são os programas que vão criar novos produtos ou serviços e abrir um mercado diferente, com foco em inovação. No campo governamental, são programas orientados a uma missão de solucionar grandes problemas ou demandas. Atendem a prioridades políticas que vão refinar e entregar as transformações desejadas (AXELOS, 2020). Neste caso, a visão seria no máximo refinada pelo grupo que for conceber o programa usando o *canvas*, visto que seria proposta pela alta gestão.

- **Programa de conformidade (*compliance*):** também chamado de "tem que fazer", pois a organização não tem escolha a não ser fazer uma mudança drástica por uma necessidade externa, como, por exemplo, uma legislação. Benefícios podem ser descritos em termos de conformidade, alcance ou mitigação de implicações negativas (AXELOS, 2020). Caso relativamente recente foi a mudança de tecnologia das televisões para digital.

De acordo com o tipo de programa, a dinâmica de uso do *canvas* pode sofrer pequenas mudanças. Por exemplo, para programas emergentes, onde projetos e suas saídas (produtos, entregas) são impostos, buscam-se os benefícios a partir deles e não o contrário. O leitor terá uma noção mais clara disso quando da leitura do passo a passo.

1.3. Por que gestão de programas?

O gerenciamento de programas permite que a organização inicie, defina, redefina, acelere ou encerre seus projetos e atividades continuadas de acordo com a consecução dos objetivos estratégicos e visões, prioridades ou políticas públicas. Permite, por meio do gerenciamento das interdependências dos projetos e das ações, reduzir desperdícios e sobreposições, convergir ações e impactar negócios ou sociedade. Permite ainda que as organizações gerenciem os projetos eficientemente de maneira a evitar impactos negativos e turbulências radicais na entrega dos produtos dos projetos na operação.

Se os gerentes de projetos estão com foco nas entregas, em produzir o que o projeto espera produzir, o gerente do programa tem o foco na realização de benefícios, que são materializados por meio de indicadores. Eventualmente um gerente de programas pode paralisar ou atrasar um projeto em benefício do programa, pois tem a visão geral e mira nos benefícios. Se os benefícios não estiveram sendo alcançados, poderá ainda propor novos projetos. O gerente de programas visualiza as interdependências dos projetos e auxilia a determinar a melhor abordagem para gerenciá-los. A gestão de programas traz alguns benefícios:

- Permite o alinhamento dos projetos e das ações com a estratégia e/ou política pública e/ou missão e aumenta a efetividade no alcance dos benefícios.
- Melhora a governança e a gestão harmônica e coordenada de um número de projetos e outras ações para gerar resultados e criar valor aos beneficiários e organização, o que não seria obtido com projetos geridos separadamente.
- Aumento da capacidade na tomada de decisões, proporcionada pela consolidação de informações em um nível que permite análise de alcance de objetivos, metas e benefícios.
- Maior visibilidade e melhor capacidade de gestão dos riscos interdependentes entre os diversos projetos do programa e dos recursos (humanos, financeiros e materiais) entre os projetos e as ações do programa, otimização de uso de recursos e diminuição de sobreposições e desperdícios.

Se um projeto traz inovação e entrega valor por meio de produtos ou serviços, os programas trazem uma transformação mais ampla, que deve ser também gerenciada. Em especial, devem ser gerenciadas as mudanças causadas pela nova realidade e a inserção dos resultados nessa nova realidade.

A gestão de interpendência entre projetos faz parte do escopo da gestão de programas e pode incluir atividades de solução de restrições e/ou conflitos nos diversos projetos do programa, realinhamento à orientação ou estratégia, solução de problemas, gestão de mudanças etc.

Dessa forma, não só a concepção de programas, como também a gestão da sua execução e a gestão de mudanças precisam ser sistematizadas e apropriadas para o contexto.

Para que as organizações gerenciem programas de forma mais adequada, sugere-se investir em: profissionais habilitados, boa estrutura de governança, práticas e políticas institucionalizadas. Geralmente, mas não necessariamente, são usadas estruturas como Escritórios de Projetos (PMO – *Project Management Office*), que incluem a gestão de portfólio, programas e projetos e colaboram com serviços como capacitação, oferta de metodologia, instrumentos, ferramentas, software de gestão, dentre outros.

Importante destacar que um programa pode ser dividido em subprogramas, de forma a aglutinar projetos que façam sentido e melhorem a gestão. A organização das inciativas de uma empresa pode variar em termos de amplitude e de profundidade, podendo ter mais níveis, conforme exemplifica a figura a seguir.

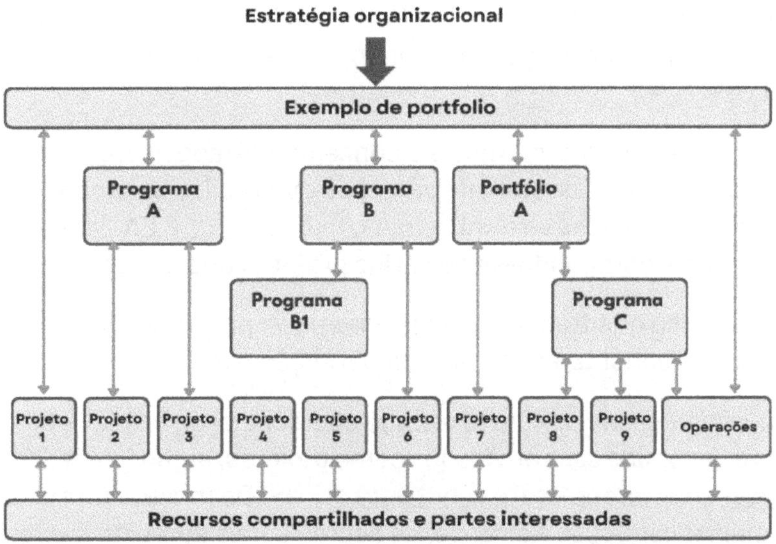

Figura 1. Exemplo de interligação entre portfólios, programas e estratégia organizacional. Fonte: adaptado de PMI (2017b)

Vale registrar que a organização de iniciativas em programas é uma decisão administrativa, podendo sofrer mudanças de implementação a depender do órgão ou da empresa. Em muitos locais, entretanto, o uso da terminologia "programa" não necessariamente assegura que exista uma gestão de programas adequada.

Exemplificando: o Programa das Nações Unidas para o Desenvolvimento (PNUD) é um órgão das Nações Unidas (ONU) que tem por objetivo promover o desenvolvimento e erradicar a pobreza no mundo. Com sede em Nova York, o PNUD trabalha em mais de 170 países e territórios auxiliando na erradicação da pobreza e na redução da desigualdade e da exclusão. Em parceria com governos de todas as regiões, o PNUD auxilia no desenvolvimento de políticas públicas, formação de lideranças, capacidades institucionais e na construção de estruturas resilientes que apoiem o desenvolvimento sustentável[1]. Durante 15 anos, o PNUD trabalhou com afinco para realizar progressos acerca dos Objetivos de Desenvolvimento do Milênio[2], os ODM, com foco em reduzir a pobreza, a HIV/AIDS, auxiliar a governança democrática, o desenvolvimento humano, proteger o meio ambiente e pensar em soluções energéticas renováveis, além de colaborar para a prevenção e recuperação em situações de crise.

Apesar de o PNUD ser um programa no nome, extrapola o conceito utilizado neste livro por ser muito amplo. É um órgão, uma entidade. O PNUD considera projetos todas as intervenções que realiza no alcance dos seus objetivos, como pode ser acompanhado no seu portfólio publicado no site <https://open.undp.org/>. Entretanto, alguns deles são efetivamente programas dentro do conceito do livro, compondo-se de vários projetos que concorrem para um objetivo maior.

Na prática, o PNUD é uma instituição que trabalha com programas e projetos? Ou um grande programa subdividido em subprogramas e projetos? Os autores consideram a primeira definição a mais correta.

A UNOPS (*United Nations Office for Project Services*) é o braço operacional da ONU que oferta infraestrutura, contratações e serviços de gestão de projetos e denomina suas atividades como projetos, atuando em diferentes nichos e complexidades, como pode ser visto em <https://www.unops.org/project-locations>. Da mesma forma, a estruturação na prática pode ser em programas para fins de melhor condução e alcance, de acordo com o contexto. De fato, na prática, a UNOPS trabalha com programas e projetos e lança mão de práticas compatíveis para gerenciá-los.

Nos governos, dadas a amplitude e a complexidade, é comum a estruturação de programas e subprogramas, até a granularidade em projetos. Este é um exemplo de ambiente complexo onde se faz necessário conceber, planejar e gerenciar programas utilizando métodos e práticas consolidadas. A gestão de programas no âmbito governamental nunca foi tão

---

[1] <https://pt.wikipedia.org/wiki/Objetivos_de_Desenvolvimento_Sustent%C3%A1vel>.

[2] <https://pt.wikipedia.org/wiki/Objetivos_de_Desenvolvimento_do_Mil%C3%AAnio>.

relevante, considerando a necessidade de serviços públicos aprimorados para os cidadãos e para a sustentabilidade em tempos de restrição orçamentária.

No setor privado, o gerenciamento de programas é também essencial, pois, na nova economia global, há a necessidade de mudanças transformacionais que culminem em novos modelos de negócio, transformação digital, design de produtos de dados com novas capacidades (ciência de dados, inteligência artificial, *machine learning*, *people analytics* etc.) para sobreviver em um mundo complexo, ambíguo, imprevisível e incerto.

Uma organização que passa por uma transformação digital, sobretudo se for grande ou média, deveria utilizar recursos de gestão de programas para permitir visão holística, trabalho coordenado transversalmente, gestão de mudanças e, consequentemente, maior efetividade.

Apesar dos conceitos serem distintos em ambientes diferentes, gerenciar programas de forma sistemática e com método é imperativo para o sucesso e a geração de benefícios.

O **gerenciamento ágil de programas** é uma forma de gerenciar, planejar e coordenar trabalhos inter-relacionados de maneira que enfatize a entrega de valor para equipes, partes interessadas e organizações. Muitas vezes as organizações não sabem como chegar a esse nível de coordenação entre equipes ágeis. O **PgM Canvas** pode ajudar!

2. Para que serve o *canvas*?

O capítulo anterior demonstra que a gestão de programas pode ser complexa e exige estrutura e conhecimento. Os autores não desejam passar a ideia de que é simples gerenciar programas, pois têm prática e experiência no mundo real e sabem que não é. Pode ser algo complexo e desafiador, como no caso de programas muito grandes, que englobam diversos níveis horizontais e verticais, por exemplo. Por isso, a prática de quebrar em "pedaços menores", dividindo em subprogramas, eixos ou componentes, pode tornar o programa mais gerenciável, desde que tenha uma boa estrutura de governança.

Entretanto, gerenciar programas não precisa ser tão complicado. Sua concepção pode ser bem facilitada se for feita com uma ferramenta adequada e de forma colaborativa. É nesse sentido que este livro visa contribuir, na concepção e no planejamento de um programa.

Canvas é uma forma visual e organizada de conceber e planejar algo. Foi primeiramente utilizado como ferramenta para construir um plano de negócios, mas depois foi largamente usado para gestão de projetos, inovação, definição de produtos e outras atividades.

O *canvas* tem a vantagem de permitir a colaboração, o que deixa os resultados mais consistentes e robustos, além de provocar engajamento. Também permite que se siga uma lógica simples na construção, geralmente respaldada por técnicas e métodos consagrados. Além disso, é instrumento de comunicação que permite visão única e compartilhada.

Importante destacar que o *canvas* não é instrumento apropriado para a gestão durante a execução. Algumas implementações sugerem acompanhar indicadores ou outras informações, mas na prática não se demonstra muito adequado. Outras ferramentas e práticas, como softwares, planilhas e *dashboards*, serão necessárias.

Entretanto, trata-se de ferramenta excepcional para concepção e planejamento, e é com esse espírito que apresentamos o ***canvas* de programas**.

ESTUDO DE CASO - GERENCIANDO PROGRAMA COMO SE FOSSE UM PROJETO:

O que pode acontecer se usarmos conhecimentos e métodos de gestão de projetos quando um empreendimento seria mais bem gerenciado se fosse estruturado como um programa?

Nada como uma experiência vivida pela autora Margareth Carneiro para ajudar nessa reflexão.

Considerado um marco histórico, em 2002 aconteceu o "projeto" piloto de formação de APL (Arranjo Produtivo Local) no Brasil, realizado por Sebrae, Promos e BID, que se estendeu até 2006.

Para fins de contextualização do leitor, algumas definições:

- Arranjos Produtivos Locais (APL), em inglês denominados *clusters*, são formados por pequenas e médias empresas em torno de uma profissão ou indústria, com atividades similares ou complementares, que interagem de forma competitiva ou colaborativa. Estudos demonstram que a formação, a intervenção governamental (por meio de incentivos, fomentos, políticas públicas) e a gestão de APLs potencializam o desenvolvimento de uma região. O Vale do Silício é um exemplo de *cluster* de tecnologia.

- Promos é a instituição especial da Câmara de Comercio de Milão dedicada à atividade de internacionalização das pequenas e médias empresas.

- BID (Banco Interamericano de Desenvolvimento) oferece empréstimos para projetos de investimento público e privado na América Latina e no Caribe.

- Sebrae (Serviço Brasileiro de Apoio às Micro e Pequenas Empresas) tem o objetivo fomentar o empreendedorismo no Brasil por meio da oferta de uma série de serviços e capacitações. Atua no nível nacional e estadual.

O projeto denominado Promos/Sebrae envolveu o apoio técnico a quatro APLs situados em: a) Campina Grande (PB), com o polo de calçados; b) Tobias Barreto (SE), com o polo de confecções; c) Nova Friburgo (RJ), com o polo de moda íntima; d) Paragominas (PA), com o polo madeireiro e de móveis.

O objetivo era, em resumo, aplicar conhecimentos e métodos utilizados na Lombardia, na Itália, região que se desenvolveu por meio de APLs, nos quatro polos selecionados, de forma não só a atuar e gerar resultados, mas, sobretudo, gerar conhecimento e lições aprendidas para serem compartilhadas no desenvolvimento de outros arranjos produtivos no Brasil. A estratégia fazia parte de uma política pública brasileira de desenvolvimento regional.

A autora Margareth Carneiro teve o privilégio de atuar neste projeto juntamente a sua equipe da PMA (*Professional Management*), apoiando o Sebrae Nacional na gestão desse empreendimento.

Em 2002 o que a autora conhecia, e bem, era a gestão de projetos, pela sua experiência, pelo conhecimento de metodologias implementadas nos seus trabalhos e consultorias e pelo uso do *PMBOK® Guide* como referência. A coordenadora no Sebrae também tinha conhecimentos similares, uma vez que era aluna do curso de Gestão de Projetos da George Washington University.

A equipe PMA desenvolveu uma metodologia, treinou os líderes dos polos, implementou um portal de gestão e deu assistência técnica especializada por três anos. O "projeto" produziu entregas e resultados e foi publicado no livro *Metodologia de Desenvolvimento de Arranjos Produtivos Locais - Projeto Promos/Sebrae/BID, versão 2.0*, e os resultados e aprendizados serviram para aprimoramentos em políticas, programas e projetos de APL, sendo citados em várias pesquisas acadêmicas sobre o tema.

O livro teve publicação impressa limitada e algumas vezes pode ser obtido em formato PDF pela internet, por meio de pesquisas.

Realmente foi uma experiência fenomenal e produziu frutos e aprendizado para todos os envolvidos.

Entretanto, sob o ponto de vista de gestão, algo não batia bem. Para fazer o plano do "projeto" usamos os documentos do BID, focado em marco lógico. Criamos os subprojetos e definimos planos com os seus líderes.

Mas a natureza complexa e dinâmica não se encaixava no conceito de projetos, sobretudo no modelo tradicional de gestão de projetos do tipo cascata.

O replanejamento era constante. O conceito de aprendizado e melhorias era forte no empreendimento.

Apesar de cada APL ter sido planejada como um subprojeto, as descobertas eram constantes, era muito experimental.

O foco no alto nível não deveria ser as entregas, apesar de serem importantes e planejadas. O foco deveria ser na produção de benefícios. Foram definidos indicadores, mas separados da gestão. A noção de transformar uma realidade de forma ampla era clara e não contemplada no planejamento e na gestão, cujo foco são entregas.

A necessidade da construção de indicadores foi identificada, mas esse trabalho começou um ano após o planejamento e início dos trabalhos nos polos. Aos poucos, ao longo do ciclo de vida, foram incluídos na gestão e no portal desenvolvido.

A complexidade do ambiente era muito grande, sobretudo devido aos diversos atores envolvidos (Sebrae nacional e estaduais, Promos, BID, governo federal, municípios, secretarias, cooperativas e muitos outros).

A gestão de *stakeholders* não era tratada na edição do *PMBOK® Guide* da época - a análise de *stakeholders* só aparecia na parte de comunicação.

Em 2001 também não existia o padrão do PMI (*The Standard for Program Management*), nem o MSP (*Managing Sucessful Programmes*) era de conhecimento ostensivo fora da Inglaterra. Não estavam difundidos, à época, métodos experimentais e ágeis para projetos (que não fossem desenvolvimento de software), o que poderia também ser benéfico.

A concepção e o planejamento, e a consequente gestão do empreendimento, ajudaram muito e geraram resultados, não há como negar. Se fosse adotado o modelo "go horse", desestruturado, sem planejamento, seria muito pior, com chances de não gerar resultados.

Entretanto, se fosse hoje, com a experiência e o conhecimento adquiridos por meio da gestão de programas e do uso dos dois padrões mencionados, o trabalho teria sido muito mais efetivo.

Teríamos economizado retrabalhos e replanejamentos, conflitos entre *stakeholders* seriam reduzidos e a gestão dos diversos componentes teria sido mais integrada, além de mais alinhada aos benefícios pretendidos. Poderíamos ter feito abordagens experimentais em alguns projetos, usando abordagens ágeis.

A primeira constatação que a autora faria seria que o empreendimento, ainda que chamado de projeto pelo BID e outros atores, na verdade era um programa composto de vários projetos e atividades que poderiam surgir ao longo do ciclo de vida para o cumprimento dos benefícios esperados, que eram medidos tanto por indicadores de esforço quanto por indicadores de resultado.

A autora Margareth Carneiro vivenciou ao longo da carreira pelo menos mais dois casos de gestão de programas usando métodos de gestão de projetos que não resultaram na efetividade necessária.

Entretanto, essas situações, vivenciadas há 20 anos, ainda podem ser a realidade de muitos profissionais, muito pelo desconhecimento dos padrões PMI e Axelos, mas também pela complexidade e dificuldade no uso de ambos.

O conhecimento de métodos e práticas adequados à gestão de programas, além da experiência, estimulou a necessidade de contribuir para outras realidades similares, onde se usam inadequadamente abordagens de projetos para programas.

O autor Anderson Furtado também teve experiência similar, onde a falta de conhecimento de metodologias próprias para gestão de programas fez falta. Ele participou do Escritório de Projetos para Segurança das Olimpíadas Rio 2016 e conta que foi uma jornada única e desafiadora, repleta de obstáculos que ensinaram valiosas lições sobre gestão e preparação. Enquanto a gestão de projetos atingia seu auge, com reconhecimento da Controladoria-Geral da União (CGU), a gestão de programas se destacava como uma oportunidade para alcançar níveis ainda maiores de sucesso.

Nesse mundo de megaeventos, como os Jogos Olímpicos do Rio de Janeiro em 2016, o sucesso é medido pelo cumprimento de prazos, orçamentos e pela entrega de resultados. Mas também buscava-se deixar legado. Os Jogos do Rio não foram exceção, e isso foi possível graças a equipes incrivelmente dedicadas e qualificadas.

Para a segurança interna das instalações, foram mobilizados 9.613 profissionais da Força Nacional, além de 1.734 agentes prisionais que fizeram o trabalho de revista de bolsas e detecção de metais na entrada dos locais de competição.

O investimento de segurança pública para os Jogos Rio 2016 foi de cerca de R$ 350 milhões, sendo que R$ 100 milhões foram empregados na compra de equipamentos de proteção individual, ferramentas de treinamento e reforço dos ambientes de capacitação das forças de segurança, como a reestruturação das academias das Polícias Civil e Militar e da Guarda Municipal.

Outros escritórios de projetos atuaram nas Olimpiadas. O Estado tinha escritórios de projetos desde 2008, e dentre eles o EGP-Rio e o EGP Setorial da Secretaria dos Esportes receberam o desafio de gerenciar todas as obras pertencentes aos programas da Copa de 2014 e das Olimpíadas de 2016.

O Escritório de projetos do COB (Comitê Olímpico Brasileiro) também atuou no evento e chegou a receber um prêmio de Escritório do Ano. Experiências de Olimpíadas anteriores foram transferidas – e, em especial, a experiência das Olimpíadas 2012 em Londres, que usou metodologias consagradas como PRINCE2® e MSP.

Entretanto, conforme experiência de Anderson, o Escritório de Segurança nas Olimpíadas, em Brasília, poderia ter lidado de forma mais eficaz com desafios complexos. Em vez de tratar cada projeto individualmente, a criação de um programa, como o de "Segurança das Instalações Olímpicas", poderia ter unificado os esforços e garantido uma abordagem mais integrada, por exemplo.

Especificamente na área de segurança das instalações, havia uma oportunidade para o gerenciamento de programas que poderia ter trabalhado de forma ainda mais integrada nos projetos relacionados ao cercamento das instalações, segurança perimetral, patrimonial e eletrônica com videomonitoramento, controle de acesso (*mag & bag*) e a contratação do serviço de operação dos *scanners* de controle de acesso.

Além disso, perdeu-se a oportunidade de realizar uma transição adequada entre os projetos e as operações, assegurando que o legado da segurança pública fosse integrado à cidade do Rio de Janeiro. Também foi uma oportunidade perdida para disseminar o aprendizado de metodologias de gestão de programas nos órgãos de segurança pública e defesa civil do país.

Talvez o uso de uma metodologia apropriada para a gestão de programas não resolvesse todos os problemas dos casos aqui relatados, visto que cada programa e cada projeto são inéditos, incertos e representam desafios e riscos próprios. Ao final de cada um colhem-se lições aprendidas relevantes para os próximos.

Entretanto, metodologias e abordagens apropriadas podem reduzir os riscos de experiências do tipo tentativa e erro e encurtar os caminhos rumo ao sucesso.

O **PgM Canvas** embute as boas práticas em uma ferramenta simples, intuitiva e colaborativa.

3. Os padrões mais utilizados

Os guias e metodologias de gerenciamento de programas mais conhecidos são o padrão de gerenciamento de programas do PMI (The Standard for Program Management) e o *Managing Successful Programmes* (MSP) 5ª edição. Ambos destacam a importância do ciclo de vida da gestão de programas, pois orienta os processos e as atividades para planejar a entrega progressiva e incremental de um programa, até o seu encerramento.

O ciclo de vida da gestão de programas é o conjunto de atividades necessárias para gerenciar um programa desde a sua definição até o seu encerramento.

O ciclo de vida de qualquer programa é incremental, isto é, conforme novas informações se tornam disponíveis, o programa é responsivo ao ambiente.

Assim, considerando a complexidade e o longo horizonte temporal, o foco no aprendizado e a adaptação no gerenciamento, ajustes devem ser realizados no ciclo de vida do programa.

O conhecimento do ciclo de vida do programa é essencial para gerenciar múltiplos projetos e outras atividades dentro de um ambiente de programa.

3.1. O padrão PMI

Para o padrão de gerenciamento de programas do PMI (*The Standard for Program Management*), o ciclo de vida do programa é composto de três fases para o êxito dos programas, que incluem a **definição**, a **entrega** e o **encerramento**.

A fase de **definição do programa** consiste em atividades realizadas para autorizar o programa e desenvolver o roteiro (*roadmap*) necessário para alcançar os resultados esperados.

O objetivo principal dessa fase é elaborar progressivamente as metas e os objetivos a serem abordados, definir os resultados e benefícios esperados e buscar aprovação para o programa. A definição geralmente se enquadra em duas subfases distintas, mas sobrepostas/interligadas: **formulação de programas** e **planejamento de programas**. O gerente do programa é selecionado e designado durante a formulação do programa.

Como parte da definição do programa, o caso de negócios (*business case*) e o termo de abertura são formulados. Uma vez aprovado, o plano de gestão do programa será preparado.

O planejamento do programa pode gerar muitos planos, como gerenciamento de benefícios, engajamento de partes interessadas, governança, comunicações, mudanças, riscos e muitos outros.

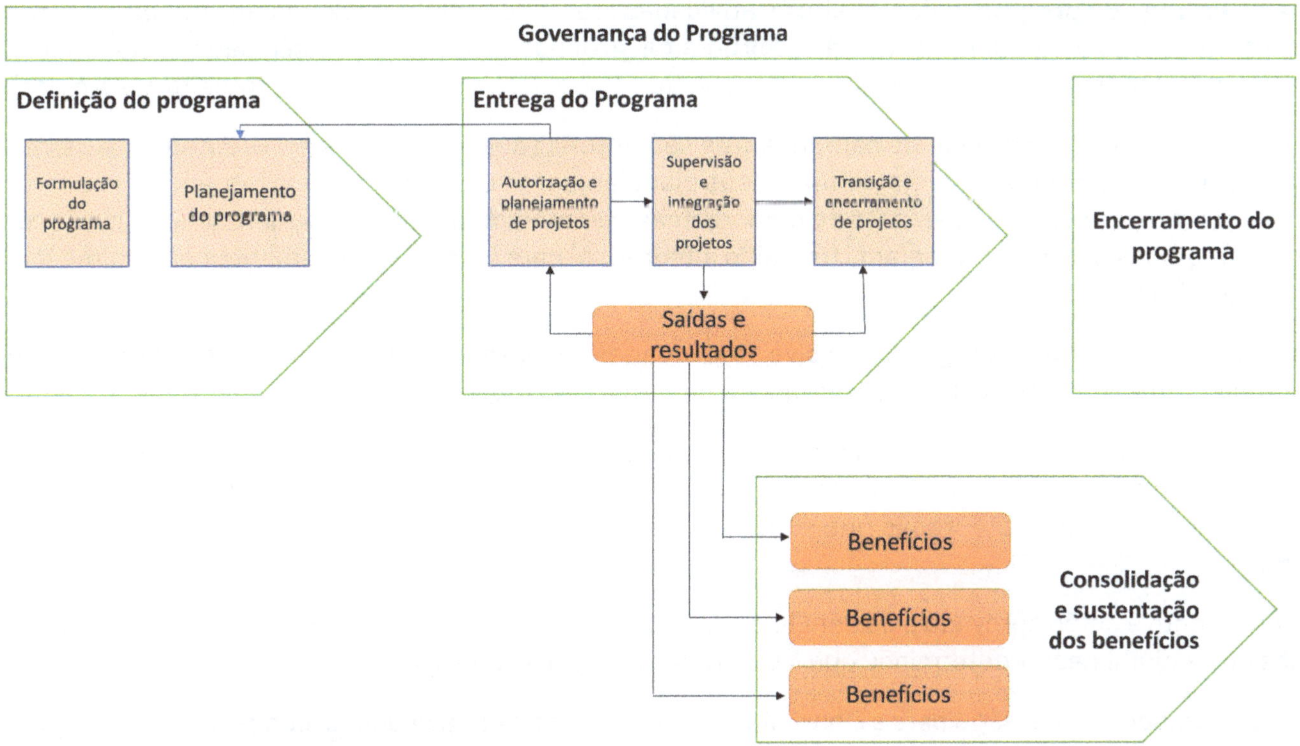

Figura 2. Ciclo de vida de um programa. Fonte: adaptado de PMI (2017a).

No padrão de gerenciamento de projetos utiliza-se o termo "componentes", que podem ser projetos, subprogramas (ou projetos subsidiários) ou outras atividades relacionadas ao programa. Para simplificação, utilizamos o termo "projetos", que são os componentes mais frequentes de programas, de forma geral.

A fase de **entrega do programa** diz respeito às atividades realizadas para produzir os resultados pretendidos de cada componente de acordo com o plano de gestão do programa. Ao longo dessa fase, são iniciados componentes individuais, planejados, executados, transitórios e fechados, enquanto os benefícios são entregues, transitórios e mantidos.

Durante a entrega do programa, os componentes são autorizados, planejados e executados, e os benefícios são entregues. Cabe aos gerentes de projetos fazer seus planejamentos e gerar os planos (abrangendo gestão de custos, gerenciamento de escopo, gerenciamento de cronogramas, gerenciamento de riscos, gerenciamento de recursos etc.). Eles serão integrados ao nível do programa (trabalho integrativo) para manter o alinhamento com a direção do programa e oferecer benefícios.

A fase de **encerramento do programa** envolve as atividades necessárias para a transição dos benefícios do programa para a organização e fechar formalmente o programa de forma controlada.

Durante a transição, o comitê gestor do programa é consultado para determinar se: (a) o programa atendeu a todos os benefícios desejados e todo o trabalho de transição foi realizado dentro da transição de componentes ou (b) há outro programa ou atividade de sustentação que supervisionará os benefícios contínuos para os quais esse programa foi empreendido.

O encerramento é então aprovado pelo comitê gestor do programa quando os benefícios ou objetivos desejados foram realizados ou o comitê gestor determinou que o programa deve ser encerrado.

Pode haver trabalho necessário para a transição dos recursos, responsabilidades, conhecimentos e lições aprendidas para outra entidade em exercício. Uma vez concluídas as atividades de transição, o gerente do programa recebe a aprovação da organização patrocinadora para fechar formalmente o programa.

3.2. Domínios

Além do ciclo de vida, o padrão do PMI estabelece cinco domínios de desempenho de gerenciamento de programas, que são inter-relacionados e interdependentes: **alinhamento de estratégia do programa, gerenciamento de benefícios do programa, engajamento das partes interessadas, governança do programa e gerenciamento do ciclo de vida do programa.** Os domínios de desempenho e as atividades que apoiam o programa discutem princípios, práticas e habilidades necessários para gerenciar a incerteza, navegar na complexidade e implementar mudanças no ambiente do programa, para otimizar a entrega dos benefícios. Descrevem um *framework* e os princípios para envolver as partes interessadas e os comitês diretivos, e para gerenciar a progressão do ciclo de vida de um programa.

Em resumo:

- O **alinhamento de estratégia do programa** identifica saídas e resultados para proporcionar benefícios alinhados aos objetivos e metas da organização.
- O **gerenciamento de benefícios do programa** define, cria, maximiza e fornece benefícios do programa.
- O **engajamento das partes interessadas do programa** identifica e analisa as necessidades das partes interessadas e gerencia as expectativas e comunicações para promover o apoio.
- A **governança do programa** permite e executa a tomada de decisões do programa, e estabelece práticas para apoiar e manter a supervisão do programa.
- O **gerenciamento do ciclo de vida do programa** gerencia as atividades para facilitar a definição, a entrega e o encerramento do programa.

Os domínios são executados simultaneamente ao longo da duração do programa. O padrão sugere que a natureza e a complexidade do programa determinem o nível de atividade exigido.

3.3. O *framework* MSP

A quinta edição do MSP (*Managing Successful Programmes*), de 2020, enfatiza maior flexibilidade, adaptabilidade e capacidade de resposta, adotando uma abordagem incremental ao ciclo de vida do programa e permitindo agilidade organizacional. O MSP consiste em um conjunto de sete princípios universais, sete temas que facilitam a governança e controles essenciais e sete processos que representam o ciclo de vida em si, que é incremental, flexível e adaptável, permitindo uma progressão ordenada e cíclica com critérios de decisão claros.

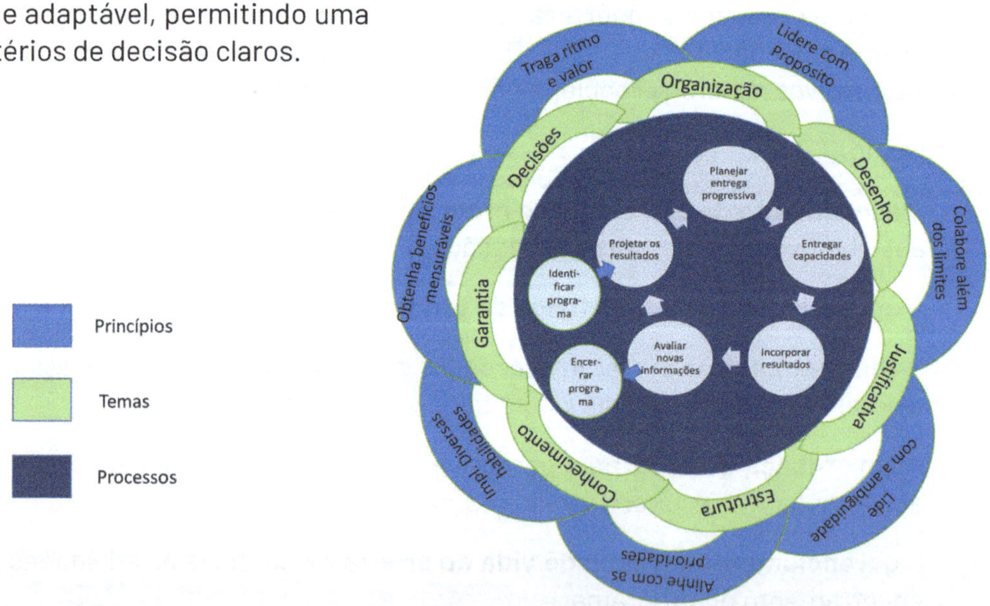

Figura 3. *Framework* integrado do MSP. Fonte: adaptado de Axelos (2020).

3.4. Processos do MSP

Os processos do ciclo de vida são um conjunto de atividades estruturadas em uma sequência lógica de ações, possuindo entradas, processamento e saídas organizadas para atingir um objetivo específico. São processos do ciclo de vida do MSP quinta edição: **identificar programa, projetar os resultados, planejar entrega progressiva, entregar capacidades, incorporar resultados, avaliar novas informações e encerrar programa**.

O processo de **identificar o programa** tem como finalidade analisar os motivadores e a justificativa para o programa, garantindo que sejam consistentes com a estratégia geral das organizações que investiram no programa e possam oferecer um retorno sobre investimento relevante, antes de realizar um trabalho mais detalhado para justificar e estruturar o programa e planejar sua execução.

Para o MSP, o objetivo de **projetar os resultados** é estabelecer bases sólidas para o programa. Isso significa permitir que as organizações envolvidas entendam a visão, os benefícios, os riscos do programa e o modelo operacional alvo, incluindo a lacuna entre o estado atual e o futuro, antes de começar a planejar o programa em detalhes. É nesse processo que a definição detalhada e o trabalho de design do programa são realizados. É revisitado no início de cada *tranche* para validar os resultados ou adaptá-los às novas informações.

O objetivo do processo de **planejar entrega progressiva** é desenvolver o desenho do programa. O processo planeja o programa, estruturando os projetos e outros trabalhos em *tranches* (pedaços, parcelas) de entrega para atingir as capacidades necessárias e obter os benefícios.

O objetivo do processo de **entregar capacidades** é supervisionar as entregas do programa, garantindo que os projetos e outros trabalhos sejam executados adequadamente. O processo monitora o progresso e toma ações corretivas para manter a entrega dos recursos definidos no planejamento operacional do programa.

Isso precisa ser alcançado garantindo que a estabilidade operacional e o desempenho das operações de negócios não sejam comprometidos.

O objetivo do processo de **incorporar os resultados** é garantir que a(s) organização(ões) investidora(s) façam as mudanças necessárias para adotar novas formas de trabalhar e obter os benefícios. O processo incorpora o planejamento e a gestão da transição das velhas para as novas formas de trabalho e a incorporação dos resultados. Isso precisa ser alcançado garantindo que a estabilidade operacional e o desempenho das operações de negócios não sejam comprometidos.

O objetivo do processo **avaliar novas informações** é a verificação sistemática de informações internas e externas que podem impactar o programa. Trata-se do monitoramento do ambiente, da revisão dos impactos e das decisões de ajuste, para que o programa se mantenha alinhado aos objetivos e reativo a qualquer situação que possa desviá-lo dos seus objetivos.

Por fim, o processo **encerrar programa** é um passo deliberado e planejado que garante que foram alcançados os critérios de sucesso predefinidos. Conclui todas as operações dentro do programa, desmobiliza o ambiente e confirma que os benefícios foram alcançados como planejado. No encerramento são confirmadas as entregas, revistos os benefícios e documentados relatórios de encerramento, lições aprendidas e documentos de transferência para as operações contínuas.

3.5. Princípios do MSP

Os princípios são balizadores da forma de agir ao gerenciar programas. São sete os princípios universais:

- **Lidere com propósito.** Este princípio vincula liderança com visão e é crucial para não haver falta de foco na equipe. O líder deve ter sempre em mente os objetivos do programa e garantir que os projetos estejam alinhados, dando foco ao que é realmente importante.

- **Colabore além dos limites.** Como os programas afetam muitas equipes e podem resultar em impactos além dos limites do seu setor ou da organização, as equipes de programas precisam possibilitar relacionamentos intraorganizacionais e interorganizacionais eficazes, às vezes onde esses relacionamentos ainda não existem. A colaboração permite o progresso e a obtenção de resultados.
- **Lide com a ambiguidade.** A incerteza aumenta com a complexidade de programas, que são tipicamente mais complexos devido ao seu escopo geográfico ou técnico, amplitude das partes interessadas ou grau de mudança - caracteristicamente "transformacional". Os programas precisam determinar a melhor abordagem para lidar com altos níveis de ambiguidade. Alguns programas podem optar por reduzir o risco tanto quanto possível. Isso pode, no entanto, não ser uma abordagem prática ou viável para todos os programas. Outra escolha para seguir em frente é abraçar a incerteza, a volatilidade, a complexidade e a ambiguidade e criar um ambiente onde as pessoas possam trabalhar efetivamente com alta incerteza.
- **Alinhe com as prioridades.** Os ambientes em que os programas operam não ficam parados. É importante que os programas se realinhem e se ajustem às mudanças nas estratégias e prioridades organizacionais.
- **Implante diversas capacidades.** Concentre-se em implantar as capacidades "certas" no momento "certo". Os programas exigem uma combinação diversificada de capacidades, algumas das quais podem não estar presentes na organização. Isso pode significar desenvolver habilidades e capacidades necessárias de recursos internos ou adquiri-las externamente. É importante não depender apenas de recursos externos, pois pode ser uma oportunidade perdida de desenvolver habilidades importantes para o sucesso futuro da organização.

- **Obtenha benefícios mensuráveis.** Criar resultados que levem a benefícios é o coração do gerenciamento de programas. No entanto, muitas organizações ainda carecem da habilidade, conhecimento ou foco necessários para alcançar resultados benéficos. O uso de indicadores é fundamental para a gestão de programas.

- **Traga ritmo e valor.** Ritmo é um conceito relacionado ao *timing* de certos aspectos do trabalho e seu alinhamento com outros eventos e objetivos-chave. Este princípio concentra-se em manter o ímpeto ao longo do ciclo de vida do programa, garantindo que o progresso seja feito em um ritmo que entregue valor à organização de maneira oportuna. Ele exige uma execução eficiente e a agilidade para responder prontamente a oportunidades e desafios à medida que surgem. Portanto, é importante estabelecer o 'ritmo de mudança' correto para permitir a obtenção de resultados juntamente com as atividades operacionais (BAU - *Business As Usual*).

3.6. Temas

- O MSP (AXELOS, 2020) também traz sete temas:
- A **organização** se refere a como os programas são organizados de forma a permitir uma liderança eficaz, análise, patrocínio e tomada de decisão, garantindo clareza quanto a papéis, responsabilidades e níveis de autoridade. Também delineia como os *stakeholders* são identificados e envolvidos, além de como a comunicação é planejada e entregue.
- O **desenho** deve deixar claro o estado final pós-implantação do programa, bem como riscos e benefícios, e mostrar as lacunas entre o estado atual e o futuro.
- A **justificativa** deve mostrar os benefícios financeiros, o retorno, a adequabilidade do fluxo de caixa e outros assuntos relativos a um *business case*.
- A **estrutura** se refere ao planejamento de como projetos e outras atividades vão operar de forma efetiva, trazendo um bom ritmo de entregas que permitam à organização fazer a transição para o futuro desejado e alcançar benefícios. Os recursos serão selecionados, alocados e otimizados para os projetos, incluindo pessoas, equipamentos etc.

- **Conhecimento** se refere a ter processos e meios de adquirir e usar conhecimento, coletar lições aprendidas, ter a prática e cultura de melhoria contínua, gerenciar informações e garantir integridade, controle de acesso às versões corretas etc.
- **Garantia** descreve papéis e responsabilidades relacionados às 'três linhas de defesa'. Delineia a abordagem e como ela suporta a governança. O tema também ajuda no planejamento de atividades de garantia.
- **Decisões** se refere a como serão tomadas as decisões ao longo do ciclo de vida. As decisões podem estar relacionadas a respostas a riscos, resolução de problemas ou qualquer outra coisa que exija uma escolha baseada em uma abordagem bem governada.

4. Os padrões e o PgM Canvas

As abordagens do PMI e do MSP são diferentes, mas seus conteúdos são muito similares. Por exemplo, em ambos são citados o *business case*, a gestão de benefícios e sustentação, governança e papéis, gestão de partes interessadas, transição, *roadmap* do programa, planejamento do programa e dos seus projetos e alinhamento à estratégia. Observa-se que os dois ciclos de vida são complementares e não excludentes, conforme demonstrado na tabela comparativa a seguir:

Tabela 1. Comparação dos modelos. Fonte: os autores.

Padrão de gerenciamento de programas do PMI	Managing Successful Programmes (MSP) da Axelos
Fase de definição	Identificar programa
	Projetar os resultados
	Planejar entrega progressiva
Fase de entrega	Entregar capacidades
	Incorporar resultados
	Avaliar novas informações
Fase de encerramento	Encerrar programa

O padrão do PMI e o *framework* MSP são adequados à gestão de programas, porém são bastante densos e exigem esforço considerável para implementação integral.

Em algumas empresas ou instituições mais burocráticas ou formais, pode ser necessário criar muitos documentos e controles por necessidades legais ou de governança. Em outras não.

A tendência atual é adotar abordagens mais enxutas de gestão, que podem ser refinadas e "robustecidas" à medida que for estritamente necessário.

É aí que o **PgM Canvas** passa a ser ferramenta ideal para gestão de programas.

O **PgM Canvas** busca trazer o que é mais relevante das duas abordagens em uma aplicação prática e simplificada.

Por exemplo, um dos diferenciais da abordagem do MSP é o *Blue Print*, que na sua quinta edição foi chamado de Modelo Operacional de Destino. Muitas vezes, as organizações não investem esforço suficiente no *front-end* de um programa e subestimam o tempo e o rigor necessários para definir a visão e projetar o programa.

Às vezes, as equipes mergulham direto no modo de entrega sem ter uma visão coerente da capacidade total necessária. Se não tomarem cuidado, isso pode resultar em um modelo de negócios desalinhado e ineficiente.

Portanto, o trabalho envolvido na concepção do modelo operacional é fundamental para estabelecer as bases para um futuro modelo de negócios coerente que considere processos, organização, tecnologia e informações como uma solução convincente e holística. A ideia é pensar no que será necessário no futuro em termos de processos, organização, tecnologia e informações, e depois analisa-se a situação atual para identificar lacunas que deverão ser providenciadas pelo programa.

Se pensamos no que precisamos no futuro, devemos olhar para o que temos agora para entender os *gaps* e identificar projetos e ações para chegarmos até o futuro.

Os riscos são extremamente relevantes e devem ser identificados e tratados, assim como os *stakeholders*.

Outro elemento fundamental é a forma como gerido o programa, que extrapola o gerente de programas e gerentes de projetos. A governança do programa envolve níveis mais executivos e também níveis operacionais responsáveis pela operação pós-programa.

Programa tem o foco em atender a benefícios, então a identificação e a gestão de benefícios são fundamentais.

O **PgM Canvas** foi desenhado para conter os principais elementos necessários ao planejamento e à futura gestão da execução dos programas. Sua proposta é simplificar a concepção e o planejamento do programa, de forma colaborativa, incorporando os principais conceitos e práticas estabelecidos pelos dois modelos mais consagrados do mercado para gestão de programas.

O **PgM Canvas** cobre os processos de **identificar o programa** e **projetar os resultados**, além de um planejamento macro das entregas progressivas. Após a conclusão do preenchimento do *canvas*, teremos: as funções do programa, a declaração de visão, os benefícios validados e identificados, os principais riscos identificados e priorizados, o modelo operacional alvo desenvolvido e a análise do modelo operacional atual, bem como as lacunas. Teremos uma análise de custos e necessidades de financiamento em nível macro, além de definição do público-alvo e a estrutura de governança.

Existem outros instrumentos importantes, como cronogramas, matrizes de riscos e mapas de *stakeholders*, que podem ser utilizados para garantir o sucesso da implementação. Demais planos ou instrumentos acessórios poderão ser desenvolvidos conforme necessário.

Por exemplo, o **PgM Canvas** dá subsídios para conceber o *business case*, desenvolver a estratégia do programa e elaborar planos e outros artefatos.

Após a identificação e definição do programa, vem a etapa crucial que culmina na execução, ou seja, na efetiva entrega de novas capacidades, absorção dos resultados e avaliação de novas informações para eventuais adaptações do programa.

O desenvolvimento de painéis (*dashboards*) e o uso de software ajudarão na gestão durante a execução. Lembre-se dos princípios do MSP, principalmente na execução.

5. Eis o PgM Canvas!

O **PgM Canvas** é resultado de experiências reais vivenciadas pelos autores na condução ou planejamento de programas reais e implementa o que é mais relevante das duas maiores referências em gestão de programas: o padrão do PMI e o MSP da Axelos.

É uma ferramenta útil para a concepção e o planejamento de transformações, e pode ser combinada a outras técnicas para garantir a qualidade e a profundidade do planejamento.

Todo programa visa transformar uma realidade.

Hoje	O caminho	O destino
	O suporte	

Figura 4. Estrutura lógica do *canvas* de programas. Fonte: os autores.

A lógica do *canvas* de programas é guiada pela visão de transformação, mostrando o porquê de transformar o presente, como chegar ao futuro e como medir o progresso. O **hoje** vai orientar a justificativa para realizar a transformação pretendida. O **caminho** mostra as incertezas que podem ocorrer (riscos) e como chegar no futuro. Mostra também como medir para saber se estamos indo no caminho correto, rumo ao futuro. O **suporte** são os facilitadores que apoiam a transformação.

O **destino** é explorado com uma visão clara dos benefícios que serão obtidos.

5.1. Dimensões do PgM Canvas

O *canvas* de programas visa aprimorar o planejamento e a gestão estratégica de programas de forma visual, eficiente e integrada. Essa ferramenta é composta por quatro dimensões essenciais: **o hoje, o caminho, o destino e facilitadores**. Cada uma é cuidadosamente projetada para abrigar informações cruciais necessárias para o planejamento e a execução bem-sucedida de programas. Vamos explorar em detalhes essas dimensões e como elas se desdobram em campos ou conteúdos.

DIMENSÃO O HOJE:

Nesta dimensão, é essencial compreender o contexto atual do programa. Isso será alcançado respondendo a duas perguntas fundamentais:

- **Por que fazer o programa?** Esta pergunta nos leva à justificativa do programa. Aqui, devemos identificar os motivos subjacentes que tornam o programa necessário. Quais desafios, problemas ou oportunidades exigem uma ação coordenada por meio deste programa?
- **Quais as capacidades atuais?** Capacidades referem-se a habilidades, recursos e ativos já disponíveis. É importante identificar o que a organização possui atualmente que pode ser aproveitado no programa. Quais competências e capacidades internas estão à disposição para impulsionar o programa?

DIMENSÃO O CAMINHO:

Aqui delineamos a trajetória do programa. As seguintes perguntas-chave precisam ser respondidas:

- **Quais são os riscos potenciais?** Entender os riscos é crucial. Isso envolve a identificação das ameaças que o programa pode enfrentar e como mitigá-las. Quais são as incertezas que devemos gerenciar ao longo do programa?
- **Quais são os produtos ou entregas do programa?** A definição dos produtos ou *tranches* é fundamental. Quais são os principais resultados que o programa entregará? Como podemos dividir o programa em fases ou *tranches* para facilitar a entrega progressiva?
- **Quais são as metas específicas?** As metas são os objetivos claros do programa. O que estamos tentando alcançar em termos de resultados específicos? Como mediremos o sucesso ao longo do programa?

DIMENSÃO O DESTINO:

Aqui projetamos o futuro que desejamos criar com o programa. As perguntas-chave incluem:

- **Como imaginamos o futuro?** A visão de futuro é fundamental. O que esperamos alcançar após a conclusão bem-sucedida do programa? Qual é a imagem do estado desejado?
- **Quais capacidades futuras precisaremos desenvolver?** As capacidades futuras são essenciais para sustentar o futuro desejado. Quais novas habilidades, recursos ou ativos serão necessários?
- **Quais são os benefícios esperados?** Os benefícios são as recompensas que buscamos. O que a organização ganhará com a realização deste programa? Como esses benefícios se alinham aos objetivos estratégicos?

DIMENSÃO FACILITADORES:

Aqui consideramos os elementos que viabilizarão o programa. As perguntas-chave incluem:

- **Quem são as principais partes interessadas?** As partes interessadas (*stakeholders*) são essenciais. Quem está envolvido e quais são suas expectativas? Como podemos envolvê-las eficazmente?
- **Qual é o orçamento disponível?** O financiamento é crucial para a execução do programa. Qual é o orçamento disponível e como será alocado ao longo do programa? Quais as fontes de financiamento?
- **Como será a estrutura de governança?** A governança é a base do gerenciamento eficaz. Como a estrutura de governança do programa será configurada? Quem tomará decisões importantes e como as partes interessadas serão gerenciadas?

Em conjunto, esses espaços do *canvas* de programa ajudarão a criar uma compreensão profunda e clara do programa, fornecendo uma base sólida para o seu planejamento e gerenciamento.

5.2. Perguntas-chave do PgM Canvas

Cada campo do *canvas* pode ser preenchido com informações importantes para o sucesso do programa. Aqui estão algumas perguntas-chave que você pode fazer ao preencher cada campo:

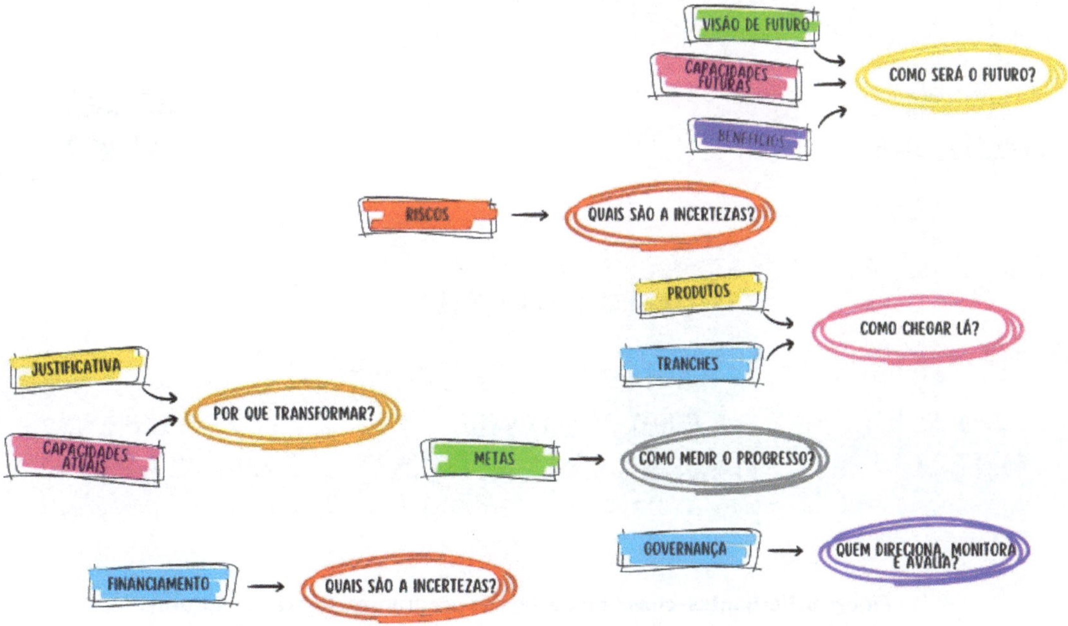

Figura 5. Perguntas-chave do *canvas* de programas. Fonte: os autores.

5.3. Campos do PgM Canvas

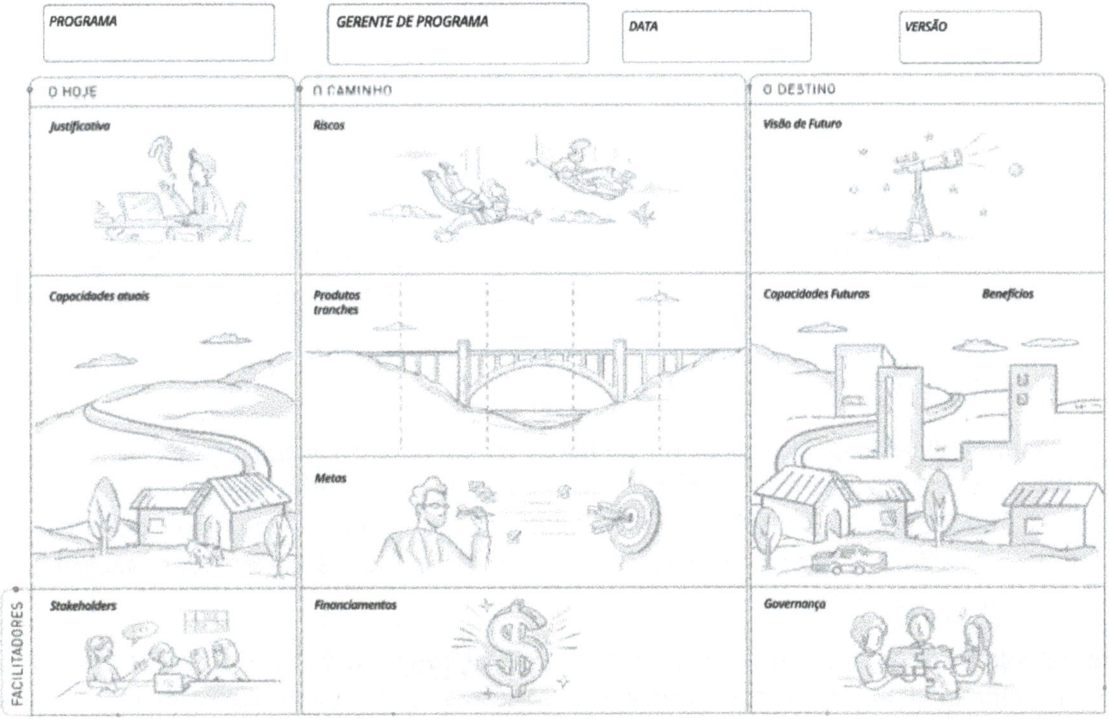

Figura 6. Campos do *canvas* de programas. Fonte: os autores.

6. Utilizando o PgM Canvas

O *canvas* é um instrumento colaborativo. Devem ser convidados diversos *stakeholders* para a confecção de um planejamento baseado em *canvas*. Para orientar o processo de preenchimento, é importante ter conhecimentos de técnicas de facilitação.

FERRAMENTA: FACILITAÇÃO

A facilitação do *canvas* exige conhecer o instrumento, a sua lógica de montagem (que sugerimos ser na sequência apresentada no livro) e também algumas características do facilitador. É importante que o facilitador alinhe expectativas e explique aos participantes como será a dinâmica, qual a duração planejada e o que se espera deles. Alguns stakeholders não são muito colaborativos, outros são bem críticos. O facilitador deve ter isso em mente ao remover empecilhos e reações contrárias. Por isso, deve ser flexível para poder mudar a abordagem e improvisar algumas vezes. Uma boa alternativa é não bancar o *expert* e demonstrar vulnerabilidade, explicando que será um facilitador, mas que o conteúdo será proveniente dos especialistas, que são os participantes do processo. Mantenha o grupo ativo e trabalhando. Se ficarem calados após um tempo, deixe o silêncio permanecer um pouco e certifique-se de que o assunto foi realmente esgotado e verifique se as pessoas apenas se cansaram daquele tópico.

No segundo caso, sugere-se partir para outro campo e voltar mais tarde ao assunto.

Aprenda a ouvir e a entender a perspectiva dos participantes e não se apresse em um julgamento. A visão é do grupo e não do facilitador. Isso não significa que você não possa dar sua opinião sincera, mas deve também acatar a visão do grupo. Respeite o ritmo coletivo, mas se estiver muito lento a ponto de deixar alguns participantes desanimados, tente acelerar focando nas convergências, deixando as divergências para tratar mais no final. Faça intervalos e mantenha o clima descontraído. Os conflitos devem ser tratados com respeito e dando direito a todos de se manifestar. O foco deve ser na construção de um *canvas* com o qual todos concordem ou pelo menos consigam "viver com a decisão tomada".

Obs.: Para saber mais sobre facilitação, sugerimos a leitura do livro Guia da Facilitação, escrito pela autora Margareth F. Santos Carneiro.

ESTUDO DE CASO:

PROGRAMA CIDADE INTELIGENTE

Tomemos como exemplo um programa de cidade inteligente. Suponha que Xangrilá é uma cidade que pretende se modernizar e se transformar em uma cidade inteligente[3].

Porém, uma cidade inteligente vai além do uso de tecnologias de informação e comunicação (TIC). Significa redes de transporte urbano mais inteligentes, melhor abastecimento de água e instalações para eliminação de resíduos e formas mais eficientes de iluminar e aquecer edifícios. Significa também uma administração municipal mais interativa e ágil, espaços públicos mais seguros e atendimento às necessidades de uma população que envelhece.

Primeiramente, devemos entender que um projeto de cidade inteligente não seria muito efetivo, uma vez que poderia entregar alguns produtos, como iluminação, câmeras públicas e central de controle, mas não necessariamente resolveria os problemas. A dinâmica de programa é mais complexa e demora mais tempo para consolidação. Eventualmente, projetos e iniciativas vão sendo escolhidos ao longo do tempo, mas o norte será sempre os benefícios esperados.

O que se busca com a cidade inteligente é uma transformação, uma série de benefícios e uma situação futura diferente e melhor que a atual.

Como chegar lá? Deverão ser empreendidas ações (projetos) e constantemente checados se estão gerando os benefícios esperados e se novas ações devem ser endereçadas.

---

[3] Na cidade inteligente, redes e serviços tradicionais se tornam mais eficientes com o uso de tecnologias digitais e de telecomunicações para o benefício de seus habitantes e empresas.W

6.1. Justificativa: por que fazer o programa?

Como diz Simon Sinek, comece sempre pelo porquê. Em um mundo repleto de desafios, oportunidades e um ritmo de mudança incessante, cada passo que uma organização dá deve ser intencional, embasado e repleto de propósito.

É no campo "Justificativa" no **PgM Canvas** que a jornada começa. É o catalisador da mudança, a força motriz por trás da evolução. A resposta a essa pergunta é o que define a direção e a ambição de um programa.

Prepare e engaje a equipe para uma exploração bem pensada do "por quê", pois a justificativa é onde tudo começa.

A justificativa mostra a situação atual e não a futura. Explica o investimento e o esforço necessários para mudar a realidade atual. Ela fornece uma visão clara do problema que o programa resolverá ou da oportunidade que será explorada.

O trabalho colaborativo vai enunciar palavras e situações que acontecem no presente que justificam o programa. Mas podem ser acrescidos números, dados, evidências e fatos.

A justificativa é o primeiro passo para o sucesso de qualquer programa. Ela define o terreno, cria um propósito compartilhado e estabelece o palco para o planejamento e a execução. Portanto, quando você se deparar com a pergunta "por que fazer o programa?", lembre-se de que a justificativa é a chave para desbloquear seu caminho rumo ao futuro desejado.

Figura 4 - Perguntas-chave do canvas de proramas

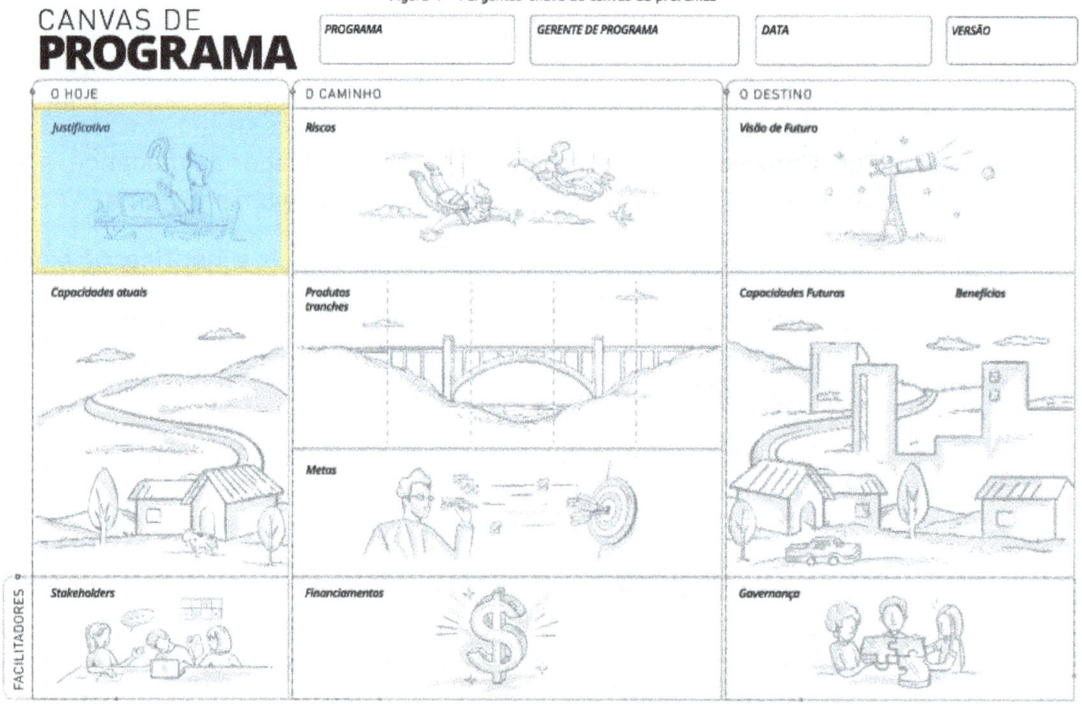

Fonte: Autores

Figura 7. Campo "Justificativa" do PgM Canvas. Fonte: os autores.

ESTUDO DE CASO:

PROGRAMA CIDADE INTELIGENTE

Os participantes da confecção do **PgM Canvas** poderão desenvolver um texto de justificativa conforme o quadro a seguir e acrescentar, após sessão de facilitação, conteúdo mais denso e mais informações profundas, dados e evidências, caso necessário.

Xangrilá tem crescido nos últimos anos de forma desordenada, o que trouxe melhoria econômica, mas prejuízos também, como criminalidade, trânsito pesado e piora na qualidade do ar. O presente programa visa principalmente a melhoria da mobilidade, a sustentabilidade e a melhor iluminação e rastreamento das áreas públicas visando mais segurança.

6.2. Capacidade atual: o que temos?

Todos nós já ouvimos a famosa frase: "para onde você está indo depende de onde você está". O campo "Capacidades atuais" revela os tesouros escondidos na sua organização que ajudam a entender o caminho a percorrer. Antes de traçar o caminho para o futuro, você deve conhecer completamente o que já possui.

Cada programa é diferente, sobretudo em razão da singularidade do ambiente em que está inserido. É necessário conhecer o seu ambiente para identificar a melhor rota para o destino desejado, ou seja, o que precisa desenvolver para ter o futuro desejado.

Capacidades são serviços, funções ou operações que permitem a uma organização explorar oportunidades.

Vamos revisar alguns conceitos importantes:

- **Saídas (*deliverables* ou entregas):** representam o que o projeto criou. Em outras palavras, são os produtos passados para o(s) usuário(s). Exemplos: pontes, laboratórios, software, câmeras instaladas e operacionais.
- **Resultado (*outcome*):** resultado da mudança, normalmente afetando o comportamento e/ou as circunstâncias do mundo real. Resultados são desejáveis quando a mudança for concebida. Em outras palavras, é o que ocorre uma vez que se usam as saídas do projeto (se forem usadas de fato). Um software entregue só tem sentido quando começar a ser utilizado e gerar resultados.
- **Capacidades:** um conjunto completo de saídas de projetos para a entrega de um resultado. Por exemplo, a capacidade da empresa seria ter pessoas aptas a usar um sistema X. Para isso, várias saídas de projetos são necessárias, tais como software desenvolvido e instalado, pessoas treinadas, equipamentos disponíveis.
- **Benefícios:** melhorias mensuráveis decorrentes de um resultado percebido como vantagem.

Para exemplificar utilizando outro cenário, imaginemos um Programa de Revitalização da Zona Portuária. Suponha que um dos projetos do programa seja a modernização dos armazéns, que geram saídas (instalações reformadas, silos e armazéns novos e automatizados) e criam uma capacidade de armazenagem aumentada e segura, que, se bem usada, pode gerar mais receitas (resultados), que, por sua vez, aumenta o PIB (Produto Interno Bruto) da cidade (benefício). Outros projetos do programa também criariam capacidades para alcance desses resultados ou de outros, contribuindo para esse benefício ou outros do programa. Por exemplo, o projeto pode criar um centro de entretenimento, que atrai mais público interno e turistas de fora, favorecendo a criação de receitas, o que também contribui para aumentar o PIB da cidade. São dois projetos de um programa hipotético que colaboram para o objetivo comum de aumento do PIB da cidade.

Para definir as capacidades atuais e futuras, pode-se utilizar o modelo POTI, que é a abreviatura de Processos, estrutura Organizacional, Informação e Tecnologia.

- **P – Processos:** inclui modelos de negócios de operações e funções, incluindo níveis de desempenho e custos operacionais.
- **O – Estrutura Organizacional:** inclui recursos humanos, habilidades (*skills*), cultura organizacional, cadeia de suprimentos.
- **T – Tecnologia:** inclui prédios, sistemas e ferramentas de TI, equipamentos, maquinários e ambiente para acomodar pessoas e tecnologias.
- **I – Informação:** inclui informações ou dados requeridos para a operação do negócio no futuro e medições da operação pós-transformação.

Se estiver fazendo um programa mais abrangente, é possível também olhar fatores externos, tais como concorrentes, legislação, políticas públicas etc.

Vamos considerar outro exemplo prático do campo "Capacidades atuais".

Suponha que uma empresa de logística esteja iniciando um programa para melhorar sua eficiência operacional. Ao analisar seus processos atuais, eles descobrem que a roteirização de entregas é feita manualmente. Isso resulta em atrasos, rotas ineficientes e custos mais altos de combustível. A organização também examina sua estrutura interna. Eles percebem que não têm uma equipe dedicada à otimização de rotas.

A chave para o sucesso de qualquer programa é construir sobre uma base sólida. Ao entender suas capacidades atuais, você pode desenvolver planos realistas e estratégias eficazes para alcançar seus objetivos.

DICAS

- **Levantamento detalhado:** antes da elaboração conjunta do **PgM Canvas**, realize um levantamento de todos os recursos e capacidades atuais da organização que tenham relação com o programa, por meio de auditorias realizadas, relatórios, consultorias, análise de dados etc.
- **Avaliação de competências das pessoas:** analise as habilidades atuais da equipe.

Figura 4 - Perguntas-chave do canvas de proramas

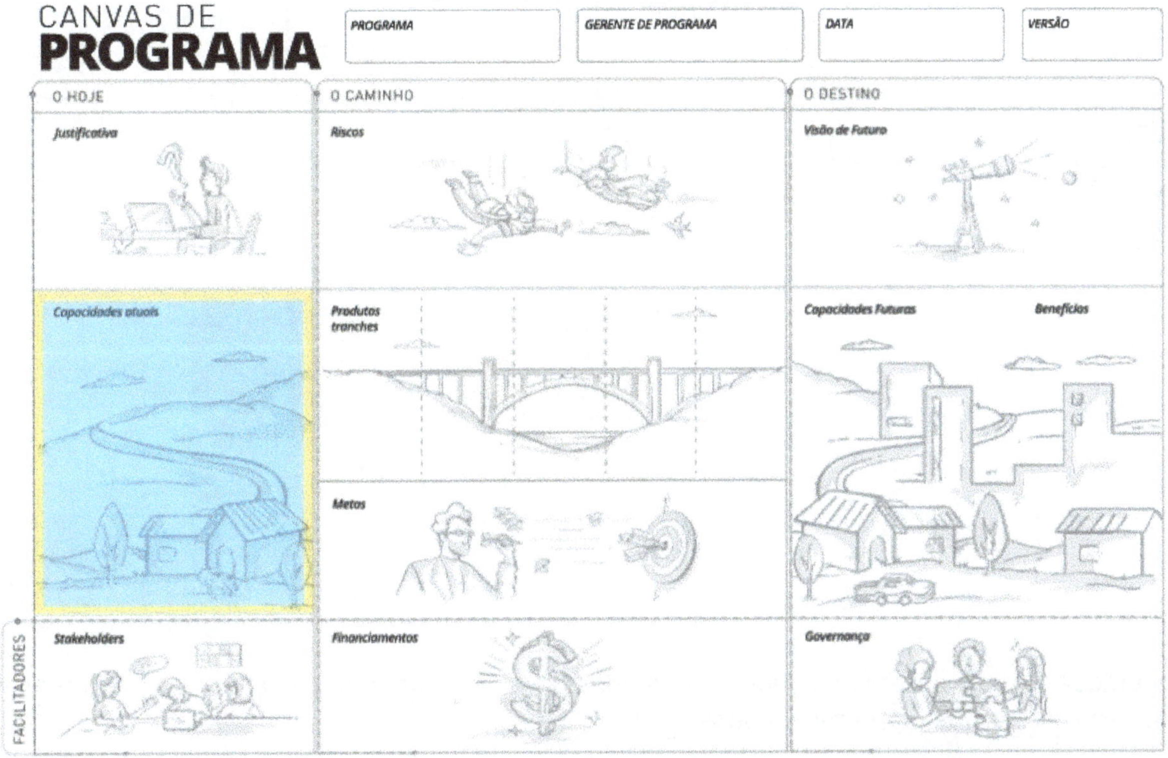

Fonte: Autores

Figura 8. Campo "Capacidades atuais" do PgM Canvas. Fonte: os autores.

PROGRAMA CIDADES INTELIGENTES

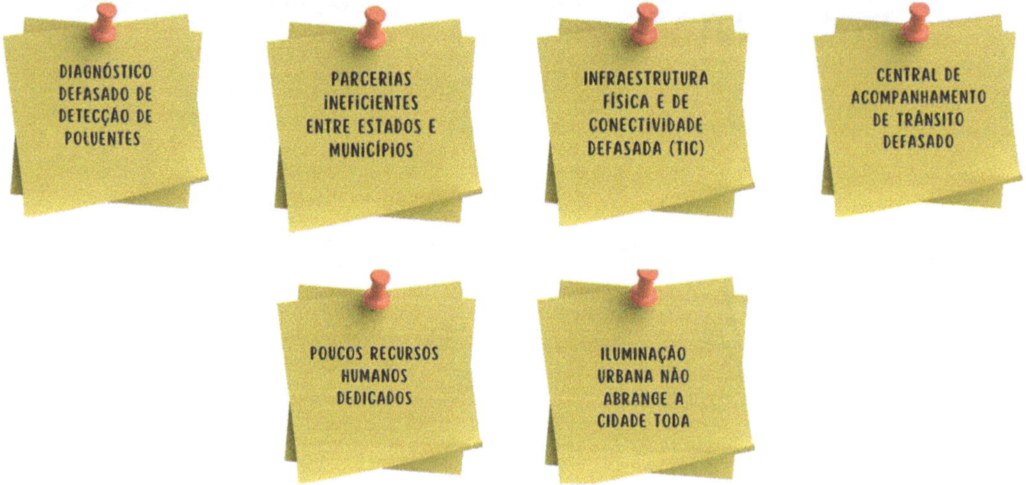

DICAS

Para as capacidades atuais serem mais bem conhecidas durante a dinâmica, é importante chamar especialistas e profissionais de várias áreas que o programa cobre.

O modelo POTI (Processos, Estrutura Organizacional, Informação e Tecnologia) pode ser aplicado para que as pessoas se lembrem das capacidades atuais em cada uma dessas áreas-chave no contexto do programa (para resolver os problemas atuais). A lista de capacidades preparadas anteriormente pode ajudar a melhorar essa lista.

Adicionalmente, se o grupo ficar meio sem ideias para essas capacidades, quando for desenvolver as capacidades futuras poderá rever as atuais. Aliás, a qualquer momento todo o *canvas* pode ser revisto ou atualizado, com o surgimento de novas ideias/informações.

6.3. Visão de futuro: o que queremos alcançar?

Você e sua equipe vão entrar em uma jornada extraordinária, uma viagem para o futuro. Imagine um cenário, uma situação desejada em alguns anos, que a transformação empreendida pelo programa possibilitou.

É no campo "Visão de futuro" do **PgM Canvas** que o destino desejado toma forma. É a narrativa de como será o ambiente após a conclusão do programa, quando ele gerar os benefícios. É uma descrição de um futuro melhor. Serve para comunicar e dar foco ao grupo.

Essa visão deve ser construída conjuntamente, com apoio do facilitador. É uma declaração que sumariza o desejável estado futuro.

Este é o ponto no horizonte para o qual todos os esforços do programa convergem. É onde as aspirações se transformam em realidade, onde os sonhos se tornam metas e onde a imaginação se encontra com a estratégia.

EXEMPLO

Vamos dar uma olhada em um exemplo para ilustrar a importância da visão de futuro. Imagine que você está liderando um programa de educação em uma região carente. Sua visão de futuro pode ser algo como: "em 2030, todas as crianças dessa comunidade terão acesso a uma educação de alta qualidade que as prepare para um futuro promissor".

De alguma forma, a visão de futuro estipula o escopo de atuação do programa. A todo o tempo a equipe pode revisitar o **PgM Canvas** e verificar sua consistência, se as ações e os projetos empreendidos vão ser suficientes para entregar o futuro, ou, por outro lado, se estão extrapolando.

DICAS

1. **Seja inspirador:** sua visão de futuro deve inspirar e motivar todos os envolvidos no programa. Deve ser algo que as pessoas se sintam apaixonadas por alcançar.

2. **Seja específico, mas flexível:** embora sua visão deva ser clara, ela também deve permitir espaço para adaptação à medida que o programa progride e novas informações surgem.

3. **Longo prazo, mas com marcos intermediários:** divida sua visão de longo prazo em metas menores e atingíveis ao longo do caminho. Isso manterá a equipe focada e motivada. Faça isso quando for definir metas.

4. **Comunique e compartilhe:** certifique-se de que todos compreendam a visão de futuro e estejam alinhados com ela. A comunicação constante é essencial.

5. **Mente e coração:** as palavras na visão de futuro devem falar com a mente e com o coração.

Figura 4 - Perguntas-chave do canvas de proramas

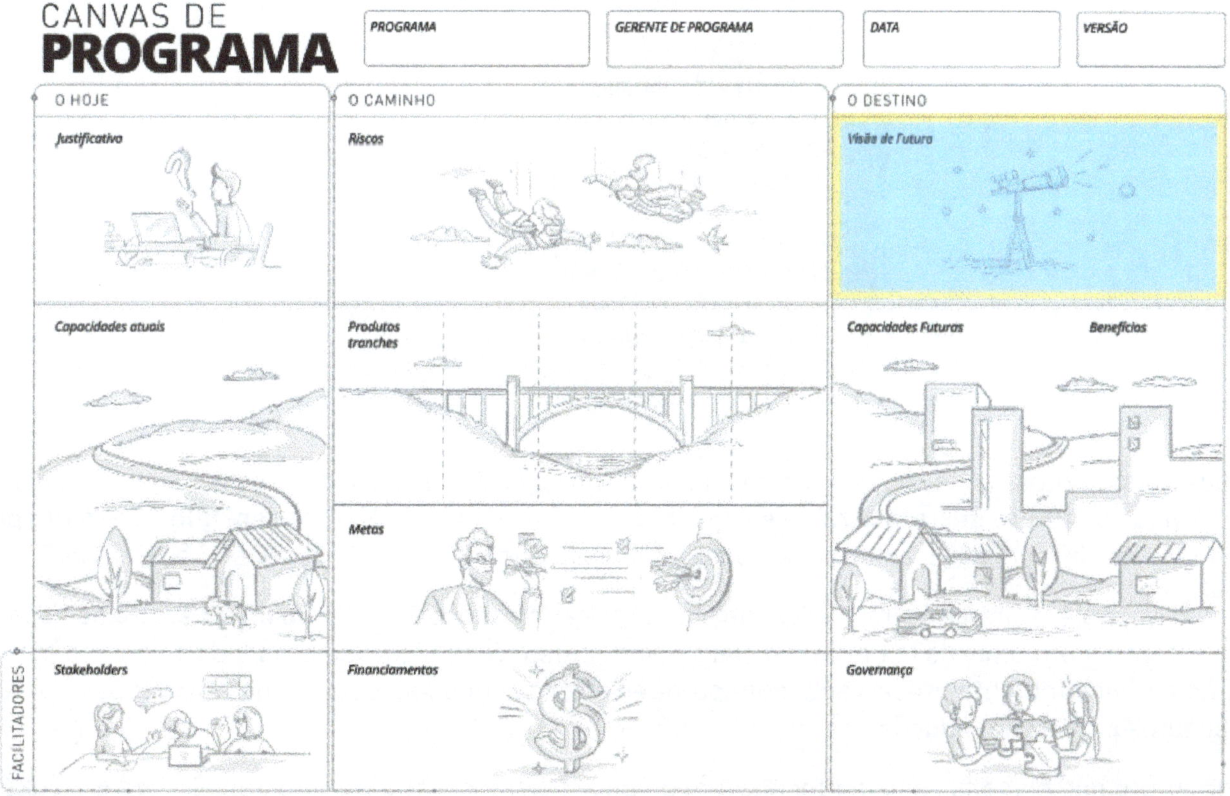

Fonte: Autores

Figura 9. Campo "Visão de futuro" do PgM Canvas. Fonte: os autores.

ESTUDO DE CASO: PROGRAMA CIDADE INTELIGENTE

> XANGRILÁ É UMA CIDADE SEGURA QUE PROPORCIONA QUALIDADE DE VIDA A SEUS CIDADÃOS, ALCANÇADA POR MEIO DE TECNOLOGIAS QUE PRESERVEM O MEIO AMBIENTE E PERMITEM GESTÃO E TOMADA DE DECISÃO, GERANDO DESENVOLVIMENTO URBANO

Imagine-se líder deste programa revolucionário em Xangrilá, uma cidade que deseja se tornar uma referência em cidades inteligentes. A visão de futuro deste programa é o que o impulsiona e inspira. É a imagem que você pinta para todos os envolvidos - cidadãos, investidores, autoridades locais. É o norte que orienta todas as decisões e ações.

Aqui está o cenário: hoje, Xangrilá enfrenta desafios como tráfego congestionado, poluição e falta de espaços públicos seguros. No entanto, com uma visão de futuro clara e ambiciosa, você visualiza uma cidade onde o tráfego flui sem obstáculos, com meio ambiente preservado, com parques e praças que são centros de atividades vibrantes e seguros para a comunidade.

Essa visão de futuro não é apenas uma fantasia; é um guia para a transformação. É o que ajudará a priorizar projetos, alocar recursos e medir o progresso. Cada iniciativa em seu programa de cidade inteligente será um passo em direção a essa visão.

6.4. Capacidades futuras: que capacidades precisamos obter?

Se até agora você estava se perguntando como transformar a visão de futuro de seu programa em realidade, este é o lugar onde tudo começa a se desenrolar.

Imagine-se à frente do Programa Cidades Inteligentes em Xangrilá. A visão é clara: uma cidade onde o tráfego flui suavemente, o meio ambiente é preservado e os espaços públicos são animados e seguros. Mas como chegar lá?

"Capacidades futuras" são a chave para a materialização dessa visão. Aqui, você estará planejando e construindo habilidades, tecnologias e recursos necessários para transformar seu sonho em realidade. Este campo é como um esboço para um projeto épico – é onde você identifica as peças necessárias do quebra-cabeça.

Vamos tornar isso mais prático. Se sua visão de cidade inteligente inclui a implementação de um sistema de transporte público de última geração, você precisará de tecnologia de rastreamento avançada, veículos eficientes em termos de combustível, estações de transporte modernas e uma equipe treinada para operar tudo isso. Esses são os elementos do campo "Capacidades futuras".

Antecipar as necessidades futuras é como aperfeiçoar uma receita antes de cozinhar uma refeição deliciosa. É a preparação que permite a você lidar com os desafios e as oportunidades que o amanhã trará. Em termos de um programa, "Capacidades futuras" são habilidades, recursos, tecnologias e estruturas organizacionais que sua equipe precisará desenvolver e implementar para concretizar sua visão de futuro.

A capacidade futura não é apenas sobre a aquisição de tecnologia de ponta. É sobre preparar sua organização e sua comunidade para abraçar essa tecnologia. É sobre desenvolver as habilidades e competências necessárias para gerenciar a cidade inteligente que você está criando. É sobre garantir que todos estejam na mesma página quando se trata de alcançar essa visão ambiciosa.

EXEMPLOS

Vamos voltar para Xangrilá, onde o tráfego congestionado é um problema. Uma capacidade futura aqui seria o desenvolvimento de um sistema de transporte inteligente que minimizasse congestionamentos. Isso não envolve apenas a compra de tecnologia de tráfego avançada, mas também treinamento para operadores, equipes de manutenção e talvez até mesmo programas educacionais para os cidadãos sobre como usar essas novas soluções de forma eficaz.

DICAS

1. **Identifique as capacidades essenciais:** liste as capacidades específicas que serão vitais para alcançar sua visão de futuro. Pergunte-se o que é absolutamente necessário para tornar isso uma realidade. Mais tarde, no campo "Produtos *tranches*", deverá ser criado um roteiro claro para adquirir, desenvolver ou aprimorar essas capacidades ao longo do tempo.

2. **Considere o fator humano:** lembre-se de que a capacidade futura não é apenas sobre tecnologia, mas também sobre pessoas. Treinamento e desenvolvimento de habilidades são tão importantes quanto a infraestrutura.

3. **Avalie o progresso regularmente:** à medida que você avança em seu programa, avalie periodicamente como suas capacidades futuras estão se desenvolvendo. Faça ajustes conforme necessário.

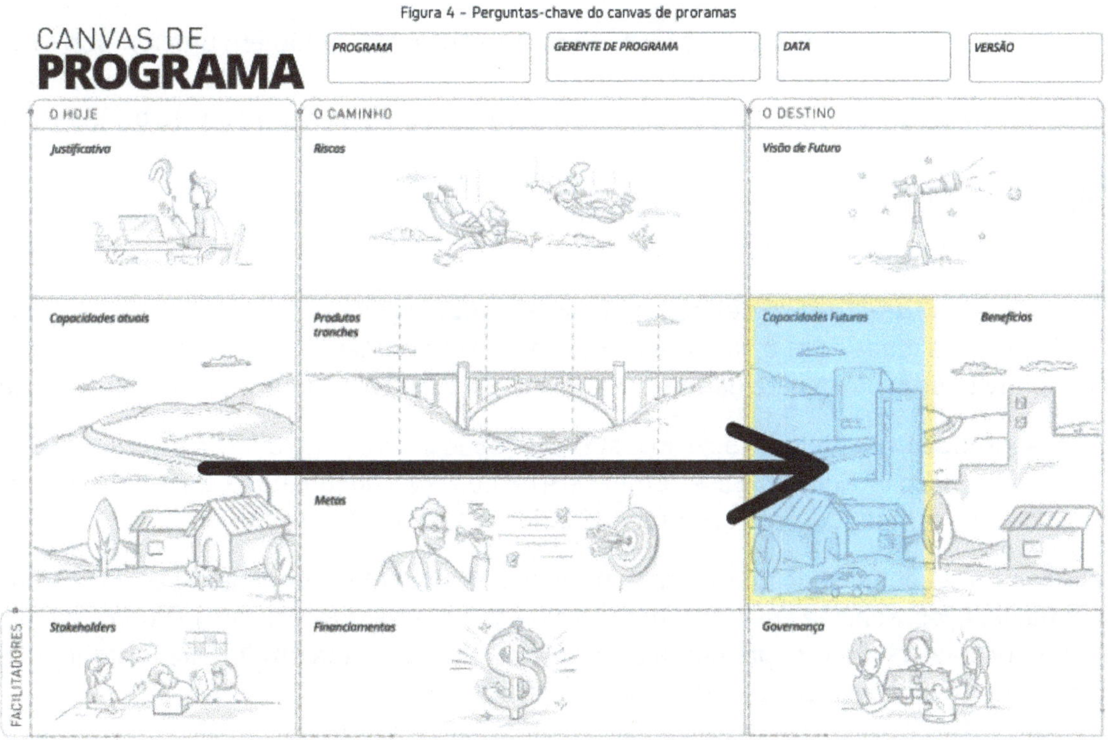

Figura 10. Campo "Capacidades futuras" do PgM Canvas. Fonte: os autores.

Durante a dinâmica de preenchimento, o facilitador deve, junto aos participantes, conferir se existe coerência entre as capacidades atuais e as futuras. Por exemplo, se citaram poucos recursos humanos dedicados, é porque é uma capacidade importante para o programa que deve ser melhorada no cenário futuro.

ESTUDO DE CASO: PROGRAMA CIDADE INTELIGENTE

No caso de Xangrilá, a jornada rumo à transformação em uma cidade inteligente está bem encaminhada. A "Visão de futuro" é clara: tornar-se um modelo de eficiência, sustentabilidade e qualidade de vida para seus cidadãos. Mas como eles estão se preparando para esse futuro desafiador e emocionante?

Ao abordar o campo "Capacidades futuras" no **PgM Canvas**, a equipe identificou várias capacidades essenciais para concretizar essa visão. Aqui estão alguns exemplos:

- **Infraestrutura de tecnologia avançada:** isso inclui a implantação de uma rede de sensores para monitorar o tráfego, a qualidade do ar e outros aspectos da cidade em tempo real. Também envolve a criação de uma infraestrutura de conectividade robusta para garantir que todos os cidadãos tenham acesso à internet de alta velocidade.

- **Centro de Operações Inteligentes:** Xangrilá deve investir na criação de um centro de operações inteligentes que servirá como o cérebro por trás da cidade inteligente. Esse centro será responsável por coletar e analisar dados, monitorar sistemas críticos e tomar decisões em tempo real para otimizar a cidade.

- **Treinamento e educação:** reconhecendo que a transformação em uma cidade inteligente envolve uma mudança cultural e aquisição de novas habilidades, Xangrilá deve investir em treinamento e educação para funcionários municipais, empresas locais e cidadãos. Isso inclui *workshops* sobre como usar aplicativos de cidade inteligente, entender os benefícios e até mesmo fazer treinamento técnico para operar sistemas avançados.

- **Parcerias estratégicas:** a cidade deve fazer parcerias estratégicas com empresas de tecnologia, universidades e organizações de pesquisa para aproveitar ao máximo o conhecimento externo e os recursos disponíveis.

- **Legislação e regulamentação:** Xangrilá também reconheceu a necessidade de adaptar suas leis e regulamentos para acomodar a cidade inteligente. Isso envolve a criação de políticas de privacidade de dados, regulamentos de segurança cibernética e muito mais.

A equipe pode identificar essas e outras capacidades.

NOVO MODELO DE DIAGNÓSTICO IMPLANTANDO
CENTRO DE OPERAÇÕES INTELIGENTES
TREINAMENTO E EDUCAÇÃO
PARCERIAS ESTRATÉGICAS
SISTEMAS DE ILUMINAÇÃO MODERNIZADOS
SISTEMAS DE SEGURANÇA E POLICIAMENTO INTEGRADOS
NOVOS MODAIS DE TRANSPORTE
ACORDO INTENSIFICADO ENTRE A ONU, OCDE E OMS PARA FOMENTAR IA
INFRAESTRUTURA DE TIC REVITALIZADA
LEGISLAÇÃO E REGULAMENTAÇÃO
ATERROS E SISTEMAS DE RECICLAGEM DE LIXO
MODELO DE MONITORAMENTO IMPLANTADO
PESSOAL CONTRATADO

6.5. Benefícios: qual impacto desejamos gerar?

Os benefícios são as recompensas que você, sua equipe e sua organização ou a sociedade colherão como resultado de todo o trabalho árduo. Esses benefícios podem assumir muitas formas, desde aspectos econômicos, como diminuição de custos e aumento da receita, até sociais, como melhoria da qualidade de vida e bem-estar da comunidade.

Os programas existem para a realização de benefícios, portanto, sem eles, o programa não tem razão de existir. Assim, neste campo do *canvas* devemos identificar os benefícios a serem produzidos em termos de melhoria de desempenho que justifique o investimento na mudança transformacional a ser promovida. Os benefícios são uma tradução do alcance com sucesso da visão do programa e contribuem para os objetivos estratégicos da organização, as prioridades governamentais ou as políticas públicas.

A participação das partes interessadas é fundamental para entender o impacto positivo desejado por elas e ajudar, assim, a obter apoio para o programa. Os benefícios devem ser descritos de forma que sejam significativos para o negócio e para as operações, a fim de evitar mal-entendido.

É possível, ainda, alinhar os benefícios potenciais do programa aos objetivos organizacionais. Apresentamos os seguintes exemplos de objetivos estratégicos e a respectiva descrição de benefícios:

- Custos reduzidos (benefício: melhorias no controle e na diminuição dos custos operacionais).
- Impacto ambiental reduzido (benefício: redução da pegada de carbono ou mitigação do impacto ambiental).
- Adaptabilidade organizacional aumentada (benefício: permite à organização responder a demandas estratégicas sem incorrer em despesas adicionais).
- Processos organizacionais otimizados (benefício: fazer o mesmo trabalho com menos recursos).

A finalidade deste campo é clara: identificar e descrever os benefícios que serão alcançados através do programa. Os benefícios são as melhorias mensuráveis que impactam positivamente a organização ou a comunidade. Eles são a razão pela qual o programa existe.

EXEMPLOS

Vamos dar uma olhada em alguns exemplos de benefícios que podem surgir em diferentes tipos de iniciativas:

- **Desenvolvimento de produtos:** os benefícios podem ser o lançamento bem-sucedido de um novo produto, o aumento da participação no mercado e o aumento das receitas.
- **Sustentabilidade ambiental:** aqui, os benefícios podem se traduzir em redução das emissões de carbono, economia de recursos naturais e uma reputação melhorada da empresa.

- **Urbanismo:** redução média de 30% no tempo de deslocamento dos moradores.
- **Eficiência dos serviços públicos:** melhoria de 20% na eficiência da coleta de lixo e economia de 15% nos custos operacionais.
- **Segurança pública:** redução de 25% nos incidentes criminais relatados.

DICAS

- **Seja específico:** benefícios devem ser claros e mensuráveis. Em vez de "melhorar a economia", diga "aumentar o PIB local em 10%".
- **Esteja conectado à visão:** os benefícios devem estar alinhados com a visão de futuro do programa. Também devem estar coerentes com as capacidades futuras.
- **Pense a longo prazo:** considere os benefícios não apenas a curto prazo, mas também a longo prazo. Como o programa impactará a comunidade ou a organização daqui a cinco ou dez anos?
- **Inclua diversas perspectivas:** consulte várias partes interessadas para identificar uma gama completa de benefícios. O que é benéfico para uma pessoa ou grupo pode ser diferente para outro.
- **Esteja preparado para medir:** para colher os benefícios, você deve ser capaz de medir seu progresso. Planeje desde o início como você vai coletar esses dados. As metas ao longo das *tranches* serão utilizadas para esse fim.

BENEFÍCIOS – O QUE DIZEM OUTROS AUTORES:

A *Association for Project Management Group* (APMG) define benefício como sendo a habilidade de negócios estratégicos permanente, com o uso de gerenciamento de benefícios para alinhar a jornada da estratégia de negócios com a entrega e incorporação de mudança dentro das organizações (APMG, 2014). A necessidade de organizações focarem nos benefícios é fundamental para o sucesso nos resultados da gestão. Os benefícios fecham a lacuna entre a estratégia e gerenciamento de programas.

Para Bradley (2006), "benefício é um resultado de mudança que é percebido como positivo por uma parte interessada".

Para Axelos (2020), um benefício é uma vantagem resultante de um resultado (*outcome*). Ademais, benefício é uma melhoria mensurável consequente de um resultado percebido como uma vantagem por uma ou mais partes interessadas e que contribui para um ou mais objetivos organizacionais. Quando tangíveis, geralmente são mensurados por um indicador-chave de desempenho (*Key Performance Indicator*).

Para Thiry (2015), a gestão de benefícios é complementar à gestão de *stakeholders*, uma vez que somente um bom processo de gestão de *stakeholders* habilita uma boa identificação e realização de benefícios.

No tocante à definição de gestão de benefícios, a autora Jenner (2009) o vê como a promoção de uma mentalidade diferente na organização, com base em uma abordagem que gerencia o valor constantemente. Os conceitos de benefício e gestão de benefícios se distinguem, pois o primeiro se refere ao resultado (*outcome*) e o segundo diz respeito ao conjunto de atividades para a geração do referido resultado. Assim, gestão de benefícios é conceituado como sendo a identificação, a definição, o rastreamento, a realização e a otimização de benefícios dentro e além de um programa.

Portanto, a realização de benefícios, ou entrega de benefícios (*benefits delivering*), de acordo com o PMI (2017b), é parte do ciclo de gestão de benefícios. É uma etapa do ciclo de vida do programa particularmente preocupada com a implementação do plano de realização de benefícios e os perfis de benefícios. Os benefícios são realizados quando uma mudança é concebida. Apesar de haver incerteza quanto à sua extensão, o benefício em si não é um risco, pois a sua realização está planejada. A realização de benefícios se estende desde a concepção de um programa até o seu encerramento.

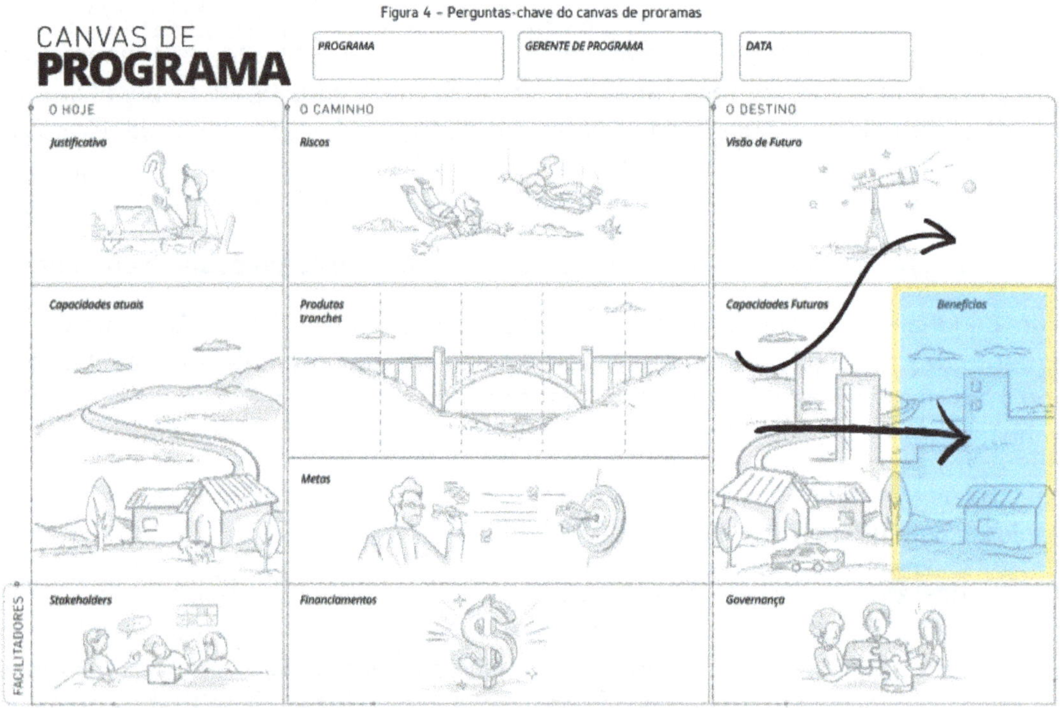

Figura 11. Campo "Benefícios" do PgM Canvas. Fonte: os autores.

Durante a dinâmica de preenchimento, o facilitador deve, junto aos participantes, conferir se existe coerência entre as capacidades futuras, a visão de futuro e os benefícios. Por exemplo, não se pode esperar o benefício de "redução de desigualdades sociais" no programa se nenhuma das capacidades geradas auxilia nisso. Então, faça uma revisão da coerência. Se necessário, use um instrumento adicional, chamado **Mapa de Benefícios**, como a seguir explicado.

FERRAMENTA: MAPA DE BENEFÍCIOS

O mapa de benefícios mostra a relação entre produtos, capacidades, resultados, benefícios e objetivos organizacionais. É excelente maneira de fornecer uma visão de alto nível do que o programa deve alcançar. Essa ferramenta está parcialmente inserida no *canvas* de programas, mas pode ser mais explorado pelo grupo antes de preencher os campos do quadro, caso o facilitador considere apropriado.

Os programas precisam se conectar à estratégia mais ampla da organização; assim, o mapa de benefícios é uma ferramenta lógica que percorre esse caminho entre a saída do projeto e os objetivos estratégicos de uma organização. Desse modo, o gerenciamento do programa fornece um meio de preencher a lacuna entre a entrega de projetos e a estratégia organizacional.

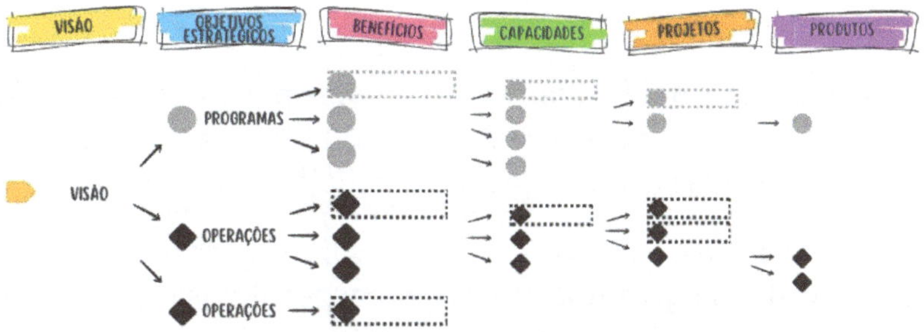

Figura 12. Mapa de benefícios. Fonte: adaptado de Thiry (2015).

O mapa de benefícios se assemelha ao Modelo Lógico: descrições hipotéticas da cadeia de causas e efeitos que levam a um resultado de interesse, a partir das relações "se-então". Por exemplo: se os recursos forem suficientes, então as atividades serão executadas; se as atividades forem adequadas, então poderão gerar os produtos desejados; se os produtos forem corretamente gerados, então darão origem aos impactos esperados na intervenção.

No caso do mapa de benefícios, são os produtos, as capacidades, os resultados do programa, os benefícios e os objetivos organizacionais que se interrelacionam. Por exemplo: uma ou mais saídas de projetos constroem novas capacidades; novas capacidades habilitam a produção de resultados; os resultados realizam benefícios; os benefícios realizados ajudam no alcance de um ou mais objetivos estratégicos.

O mapa de benefícios é desenvolvido parcialmente dentro do *canvas* de programa, conforme imagem anterior. No *canvas* tem-se o encadeamento de benefícios esperados, de capacidades futuras que trarão esses benefícios e de projetos/ações ao longo do tempo para alcance dessas capacidades.

Nessa etapa, podemos modelar de maneira precisa o fluxo entre esses elementos (produtos dos projetos, capacidades futuras, resultados, benefícios e objetivos estratégicos), a fim de gerenciar suas interdependências, evidenciando, assim, a existência da relação causa e efeito. Para isso podemos utilizar o mapa completo para subsídio, caso a equipe tenha essa necessidade.

Conforme destaca o MSP sobre a visão total da transformação provida pelo programa: a "falha em entregar uma saída específica ou capacidade pode parecer ter um efeito menor na perspectiva do projeto, mas pode ter um impacto enorme na realização de benefícios" (AXELOS, 2020).

Apesar de não ser a finalidade do **PgM Canvas**, o mapa de benefícios pode ser criado no *canvas*, trabalhando da direita para a esquerda, a partir dos objetivos corporativos[4], passando por benefícios, resultados e capacidades futuras, culminando, assim, na definição dos produtos (*outputs*) dos projetos.

[4] Embora não haja previsão para os objetivos estratégicos no *canvas*, pode-se realizar a inserção do objetivo organizacional no lado direito do campo "Benefícios". No tocante aos resultados, caso julgue necessário, **é possível incluí-los** entre os campos "Capacidades futuras" e "Benefícios". Use *post-its* para isso.

TEORIA DO PROGRAMA: O QUE DIZEM OUTROS AUTORES

A teoria do programa ou teoria da mudança estabelece que, por trás da concepção de uma política pública (ou programa ou projeto), existe um raciocínio lógico de que um problema será solucionado por uma intervenção específica, com recursos, atividades e estratégias específicos que devem ser utilizados para alcance de determinado resultado.

A Teoria do Programa (TP) pode ser compreendida como um conjunto de pressupostos capazes de verificar como uma política ou programa se dá com os seus beneficiários e como ela elabora estratégias capazes de atingir seus objetivos. Assim, infere-se o que deve ser realizado para que o programa ou a política alcance os resultados propostos. Para tanto, são caracterizados a estrutura do programa, os vínculos lógicos entre problema e objetivos, as ações e os resultados desejados (ROSSI; LIPSEY; FREEMAN, 2003). De fato, os pressupostos são hipóteses que podem não se configurar como verdadeiras, mas sustentam a lógica de causa e efeito no desenho do programa.

De acordo com Rogers et al. (2000), a teoria do programa consiste em uma explicação teórica ou modelo de como o programa causa os resultados esperados ou observados, além de ser uma avaliação que é parcialmente guiada por tal modelo.

Weiss (1998, *apud* DOMINGOS; SILVA (2017)) aponta que tal modelo, além dos meios e fins, se caracteriza por um conjunto de pressupostos que analisam como a política se relaciona com os seus benefícios sociais e como ela produz estratégias e táticas para alcançar suas metas e objetivos.

"Teoria da Mudança é também referida como Teoria do Programa, Modelo causal, Modelo Lógico, Lógica de Programa, Cadeia de Resultados, Cadeia de Valores, entre outros sinônimos, ainda que alguns autores advoguem pequenas diferenças entre tais denominações, alegando ser a Teoria da Mudança ou Teoria do Programa uma estratégia mais complexa por lidar com a teoria e os pressupostos subjacentes à intervenção estudada, enquanto os demais lidam com uma representação pictórica e meramente descritiva" (MAMEDE, 2018).

Muitos modelos lógicos utilizados na teoria dos programas (e guias para o desenvolvimento da teoria dos programas) mostram um caminho causal único e linear, muitas vezes envolvendo alguma variação. O mais comum e simples envolve cinco categorias: entradas, processos, saídas, resultados e impacto (ROGERS, 2008).

Uma série de abordagens estão revestidas do mesmo conceito de relação causal. A teoria do programa se constitui como um importante mecanismo analítico que auxilia os *policy makers* na compreensão da política como um todo, seja na formulação das questões de avaliação, na análise das informações ou no diagnóstico dos resultados (WEISS (1998), *apud* DOMINGOS; SILVA (2017)).

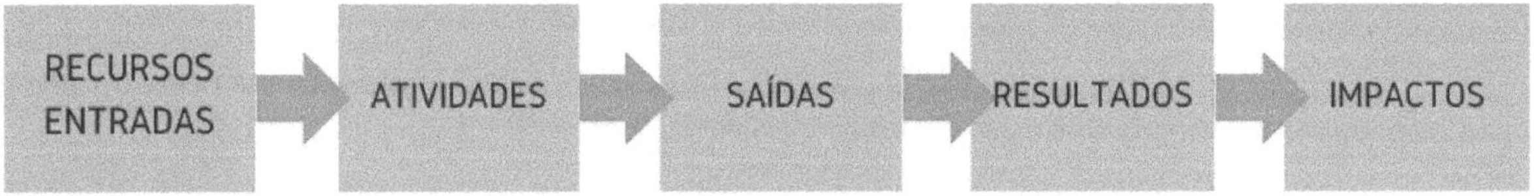

Figura 13. Um modelo lógico simples. Fonte: adaptado de Rogers (2008).

Portanto, a lógica inerente ao instrumento *canvas* de programa deste livro, inspirada em padrões de mercado, incorpora a teoria da mudança ou do programa por meio da relação causal que liga os elementos do programa, sobretudo os registrados no mapa de benefícios.

De fato, a lógica existente no **PgM Canvas**, proveniente dos padrões mais utilizados para gestão de programas, apresenta a relação causal no desenho do programa.

Dado um cenário futuro desejado, e dadas as capacidades atuais, serão necessárias capacidades a serem providas pelo programa. Tais capacidades geram benefícios, e o conjunto de benefícios, resultados e produtos entregues materializarão a visão de futuro.

ESTUDO DE CASO: PROGRAMA CIDADE INTELIGENTE

Xangrilá é uma cidade determinada a se modernizar e se tornar uma cidade inteligente.

Vamos olhar agora para os benefícios que Xangrilá busca ao embarcar em sua jornada rumo à inteligência urbana:

- **Maior qualidade de vida:** Xangrilá espera que seus habitantes desfrutem de uma qualidade de vida aprimorada. Isso pode incluir acesso a serviços públicos mais eficientes, como transporte, saúde e educação, bem como um ambiente urbano mais limpo e seguro.

- **Sustentabilidade ambiental:** a cidade deseja reduzir sua pegada de carbono, economizar recursos naturais e promover práticas sustentáveis. Isso resultaria em um ambiente mais limpo e saudável para todos.

- **Eficiência operacional:** a administração municipal de Xangrilá almeja operar de forma mais eficiente. Isso significa menos burocracia, melhor gerenciamento de recursos e uma tomada de decisão mais ágil.

- **Atração de investimentos:** ao se tornar uma cidade inteligente, Xangrilá espera atrair investimentos de empresas e empreendedores interessados em inovação e tecnologia. Isso pode impulsionar o crescimento econômico da cidade.

Esses são exemplos de benefícios. Para medi-los precisamos de indicadores.

Esses valores mensuráveis não apenas demonstram o sucesso do programa, como também fornecem uma visão clara das melhorias na qualidade de vida e no bem-estar dos habitantes de Xangrilá. Alcançar e superar essas metas mensuráveis é o que impulsiona o Programa Cidade Inteligente e prova seu valor para a comunidade.

Ao continuar nossa jornada com Xangrilá, vamos explorar como essa cidade planeja alcançar esses benefícios e o papel fundamental que o **PgM Canvas** desempenha na definição e busca de seus objetivos.

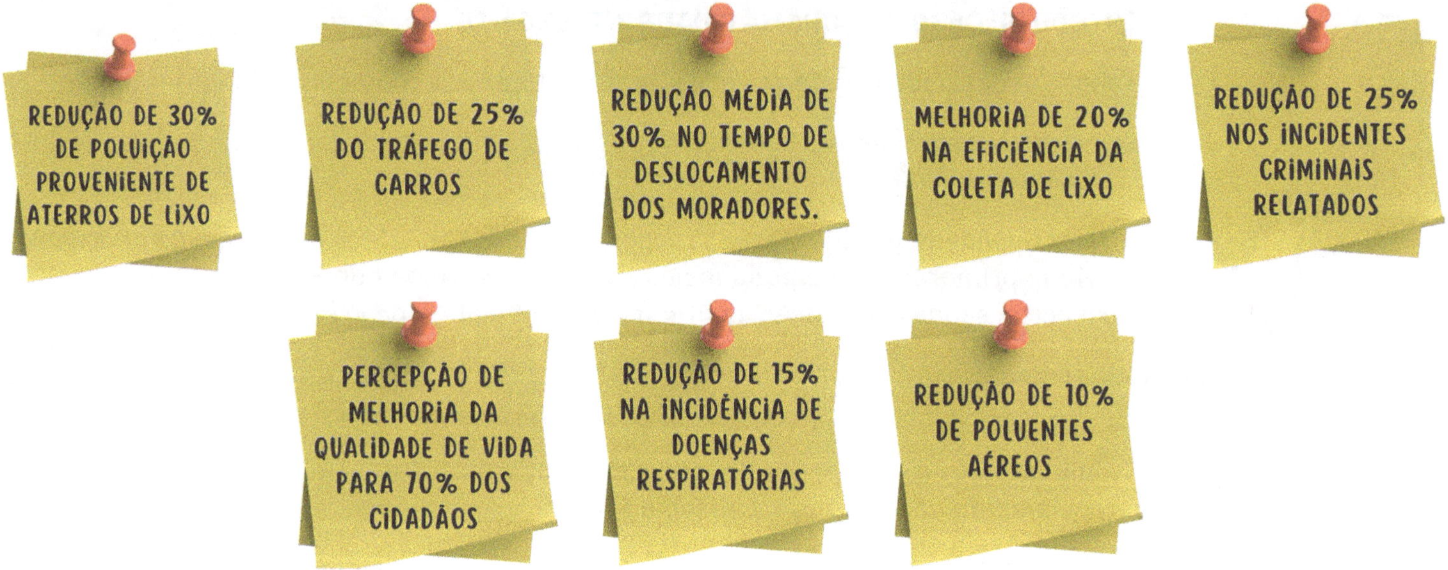

Os benefícios devem ser tangíveis e quantificáveis. São mais bem descritos quando registram as metas a serem alcançadas (SMART - Específicos, Mensuráveis, Alcançáveis, Relevante e Temporal). Esses exemplos são hipotéticos, sobretudo os valores estipulados como metas. Para simplificação, omitimos os prazos, mas na prática eles devem ser acrescentados (exemplo: em X anos, até dezembro de 2026 etc.) Apenas profissionais que conheçam o contexto e a realidade, bem como tenham conhecimento técnico, poderão estipular metas compatíveis, audaciosas, porém factíveis.

Durante a dinâmica de preenchimento, o facilitador deve, junto aos participantes, conferir se existe coerência entre as capacidades futuras e os benefícios, bem como se são possíveis de serem alcançados. Por exemplo, melhorar o PIB ou melhorar o IDH não seriam benefícios válidos se as ações tiverem pouco impacto direto nos dois.

6.6. Produtos/*Tranches*: o que precisa ser feito?

A mudança transformacional promovida pelo programa passa por diversos elementos, destacando-se: (i) produtos dos projetos (saídas) que são críticos para as operações a fim de obter benefícios; (ii) *tranches* (planejamento por partes do programa) que facilitam a gestão e a adaptabilidade do programa.

A reflexão é a seguinte: dadas as capacidades atuais, e dada a visão de futuro pretendida, bem como as capacidades futuras para alcance dos benefícios e da visão, quais são as providências ou qual a ponte que devo construir para se chegar a esse futuro?

Os guias de boas práticas de gerenciamento de programas enfatizam a necessidade de alinhamento da estratégia (PMI, 2017b) com o atendimento das expectativas de benefícios (AXELOS, 2020) e como processos de criação de valor.

Devido à natureza complexa das mudanças promovidas pelos programas e as incertezas que envolvem o ambiente organizacional dos dias de hoje, sua gestão é muito importante e ao mesmo tempo desafiadora, para que o programa entregue os resultados esperados.

A lógica é que essa ponte não deve ser construída de uma vez só, ao contrário, deve ser desenvolvida em fases ou *tranches*. Isso porque programas são complexos, dispendiosos de tempo, recursos e materiais, e muitas vezes projetos e produtos de projetos são pré-requisitos para outros. Portanto, o planejamento de execução deve ser em *tranches* para melhor ser implementado e gerenciado.

Programas são, por natureza, recomendáveis para a transformação de um negócio ou mudanças políticas e da sociedade, O MSP se reconhece como uma boa abordagem desenhada para acomodar altos graus de complexidade, ambiguidade e risco.

Programas são adequados não para melhorias incrementais em um produto existente (métodos ágeis orientados a produtos são mais adequados) e nem simplesmente para gerenciar projetos para priorização e alocação de recursos (gestão de portfólio atende a essas necessidades). Programas são desenhados para liderar e gerenciar mudanças, notadamente mudanças de grande impacto.

Especificamente no cenário de incertezas (incerteza se referindo aqui como falta de informação e dificuldade de predizer relações de causa e efeito) e ambiguidade (caracterizada por um número de possíveis soluções e beneficiários sem um caminho claro), os programas têm baixa previsibilidade e carecem de planejamento e execução em ondas, o que permite maior conhecimento e lições aprendidas, revisão das rotas e melhorias na gestão e nas definições de benefícios.

Nesta etapa de preenchimento do *canvas*, a definição dos produtos de projetos por *tranches* estabelece quais serão os produtos e seu relacionamento com as novas capacidades. Além disso, devemos prever o momento dessa entrega via *tranches*. Isso é feito por intermédio da reflexão sobre a interação entre os campos "Benefícios" e os campos que integram o modelo operacional futuro ("Capacidades atuais", "Capacidades futuras", "Produtos/*Tranches*").

A ESSÊNCIA DOS PRODUTOS

Produtos são as entregas individuais do programa. Eles podem ser componentes de software, infraestrutura, relatórios, treinamentos ou qualquer outra coisa que o programa tenha como objetivo criar ou aprimorar.

TRANCHES - DIVIDINDO PARA CONQUISTAR

As *tranches*, por outro lado, são agrupamentos lógicos de produtos. Elas dividem a jornada do programa em partes menores e gerenciáveis. Isso ajuda a manter o foco, facilita o acompanhamento do progresso e permite que você entregue valor à medida que avança, em vez de esperar até que todos os produtos estejam prontos.

A finalidade do campo "Produtos/*Tranches*" no **PgM Canvas** é fornecer uma visão estruturada e detalhada dos principais elementos que serão entregues ao longo do programa.

Assim, este campo pode fazer a transição entre a "Capacidade atual" e a "Capacidade futura", construindo um caminho claro em direção à realização de benefícios e à visão de futuro do programa.

CONTEXTO DE AMBIGUIDADE E INCERTEZA

O QUE DIZEM OUTROS AUTORES:

Conforme Thiry (2015), a figura a seguir indica métodos mais adequados aos ambientes de baixa ou alta ambiguidade, bem como baixa e alta incerteza. Programas e projetos são orientados a mudanças e, portanto, se enquadram mais na coluna "Ações de mudanças". Entretanto, para o autor, projetos de metodologia única e mais preditiva se adequam mais a projetos de baixa ambiguidade. Lembrando que projetos sempre têm alta incerteza, pela inovação ou exclusividade. Então, se enquadram nos métodos baseados em desempenho. Já programas transitam sempre pela alta incerteza, podendo ter maior ou menor ambiguidade. No caso de grande ambiguidade, escolhas não são feitas ainda, as saídas não são claramente definidas e decisões ainda estão para ser feitas. Este quadrante se refere à busca de valor para a organização e se adequa a métodos baseados em aprendizados.

Nesse contexto, a abordagem por *tranche* favorece a busca por valor, o ciclo de aprendizagem e de melhoria na definição de resultados e saídas e a tomada de decisões.

Em programas com ambiguidade mais baixa, podem ser utilizados métodos baseados em desempenho. Nesses casos, as *tranches* costumam ser mais previsíveis e pode-se fazer um plano mais a longo prazo de forma mais segura.

Em ambiente de baixa incerteza residem as operações ou atividades continuadas. No quadrante "métodos baseados em administração" existe menos necessidade de gestão (comando e controle), por serem mais repetitivos, em ambiente de baixa incerteza e baixa ambiguidade. Enquadram-se aí os processos de manter os recursos de TI funcionando, emissão de pagamentos dos funcionários, manutenção e limpeza de escritórios etc.

Já no ambiente de baixa incerteza, mas grande ambiguidade, os métodos baseados em poder (comando e controle) se mostram mais eficientes, tais como alocação de recursos financeiros e gestão de portfólio, onde os resultados são previsíveis, mas exige poder e tomada de decisão para alocação de recursos, dentre outros. Caso ocorram desvios, medidas corretivas podem ser tomadas.

Conforme os produtos são entregues em cada *tranche*, os benefícios da cidade inteligente começam a se materializar. Por exemplo, a implantação do sistema de iluminação pública inteligente pode resultar em economia de energia e aumento da segurança nas áreas onde foi implementado.

O campo "Produtos/*Tranches*" é fundamental para garantir que a transformação de Xangrilá em uma cidade inteligente seja planejada, estruturada e realizada de forma eficaz e escalonada. Ele permite uma visão clara das entregas do programa ao longo do tempo e é essencial para o sucesso da iniciativa.

Figura 14. O contexto de ambiguidade e incerteza. Fonte: adaptado de Thiry (2015).

FERRAMENTA:

PLANEJANDO AS *TRANCHES*

Cada programa deve planejar a maneira como irá percorrer o caminho entre onde a organização está hoje para o futuro, conforme descrito na declaração de visão do programa. No campo "Produtos/*Tranches*" devemos estabelecer qual é a periodicidade de cada *tranche* e os produtos previstos para a respectiva *tranche*. A definição das "cadências das *tranches*" do programa impactará: (i) no intervalo entre o *feedback* e a interação entre o Comitê do Programe e Comitê Diretor; (ii) no planejamento progressivo da iniciativa; (iii) na frequência da avaliação das novas informações do ambiente do programa; (iv) no ponto de decisão e controle para avaliar a viabilidade quanto à continuidade do programa.

Segundo o MSP (AXELOS, 2020), uma *tranche*:

- é composta por um ou mais projetos ou atividades;
- oferece uma mudança radical na capacidade para a organização, conforme descrito no modelo operacional;
- inclui atividades de transição para alcançar os resultados definidos para a *tranche*;
- fornece um ponto de controle onde o programa pode ser redirecionado ou interrompido.

Nesse sentido, um planejamento de programa em partes (*tranches*) deve levar em consideração os seguintes aspectos: (i) estudos de viabilidade ou similares para descobrir o melhor caminho a seguir onde há incerteza no início do programa; (ii) ganhos rápidos - os benefícios obtidos no início são valiosos e aumentam a confiança; (iii) expansão incremental das capacidades entregues nas *tranches* anteriores (AXELOS, 2020).

No que diz respeito ao planejamento dos produtos do programa, o campo "Produtos/*Tranches*" propicia uma compreensão da lacuna entre o estado presente e o estado futuro das capacidades organizacionais. Para isso, recomenda-se concluir preliminarmente o preenchimento dos campos "Capacidades atuais" e "Capacidades futuras".

Como os projetos não são iniciados simultaneamente, e alguns podem surgir mais tarde durante o programa, é necessário gerenciar as interfaces dos projetos de forma adequada; por isso, o planejamento por partes (*tranches*) é tão importante para o relacionamento racional entre seus projetos.

Outra razão para o planejamento por *tranches* é que os programas tendem a ser de longo prazo, e o ambiente do programa pode se desenvolver e mudar significativamente durante o seu ciclo de vida. Assim, fazer uma previsão de entregas dos projetos por *tranches*, e não dos projetos em si, dá maior flexibilidade ao planejamento em um ambiente tão dinâmico, ambíguo e incerto como o dos programas.

Considerando que a gestão de programas envolve alinhar e coordenar um grupo de projetos relacionados para obter benefícios que não são possíveis quando os projetos são gerenciados individualmente, essa etapa de planejamento das *tranches* é determinante para a promoção da conexão entre os projetos por meio de seus produtos.

Na prática, a cada novo ciclo ou *tranche*, geralmente anualmente, é feita uma análise do que foi feito, do que resta fazer e um planejamento mais detalhado para o ano seguinte.

EXEMPLOS

Agora vamos considerar um programa governamental para melhorar a infraestrutura de transporte em uma cidade. A justificativa é reduzir o congestionamento e melhorar a mobilidade. Veja como isso pode se desdobrar em termos de produtos e tranches:

- **Produto 1 – Expansão da malha viária:** a primeira *tranche* pode envolver a expansão de estradas e rodovias para acomodar mais veículos.
- **Produto 2 – Melhoria do transporte público:** a próxima *tranche* pode se concentrar na melhoria do transporte público, incluindo a compra de novos ônibus e a construção de estações de metrô.

- **Produto 3 – Ciclovias e calçadas:** uma terceira *tranche* pode priorizar a construção de ciclovias e calçadas para promover meios de transporte mais sustentáveis.
- **Produto 4 – Sistemas de controle de tráfego:** a última *tranche* pode envolver a implementação de sistemas avançados de controle de tráfego para gerenciar o fluxo de veículos de forma mais eficaz.
- Novamente, cada *tranche* representa um conjunto de produtos específicos que são entregues em fases, permitindo que a cidade experimente melhorias graduais na infraestrutura de transporte ao longo do programa.

DICAS

- **Flexibilidade:** lembre-se de que os programas podem (e devem) evoluir. Esteja preparado para ajustar seus produtos e *tranches* conforme necessário para atender às mudanças nas circunstâncias ou na estratégia.
- **Comunicação clara:** mantenha todas as partes interessadas informadas sobre o que está sendo entregue em cada *tranche*. Isso constrói confiança e clareza.
- **Priorize com sabedoria:** comece por *tranches* que ofereçam o maior valor ou reduzam os riscos mais significativos.
- **Monitoramento contínuo:** na execução do programa, acompanhe o progresso de cada produto e *tranche*. Isso ajudará a identificar atrasos e desvios rapidamente.

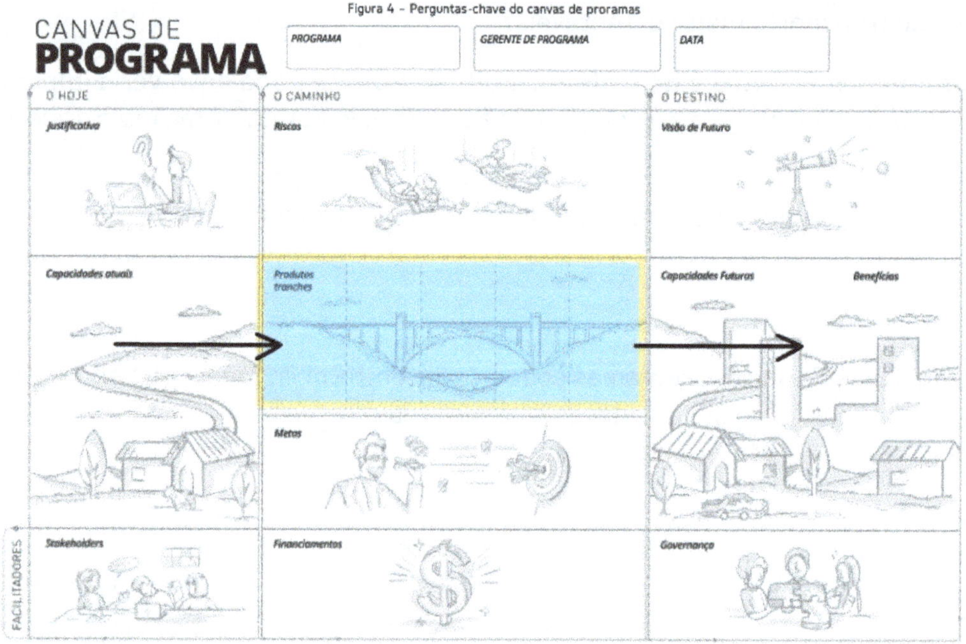

Figura 15. Campo "Produtos/*Tranches*" do PgM Canvas. Fonte: os autores.

Durante a dinâmica de preenchimento, o facilitador deve, junto aos participantes, conferir se existe coerência entre as capacidades atuais, as capacidades futuras e os produtos entregues. Pergunte-se: dadas as capacidades atuais, e olhando os produtos a serem entregues, teremos as capacidades futuras? Faça isso olhando-as uma a uma. Utilize a revisão de lacunas (*gaps*), técnica que permite simular vários cenários de produtos e capacidades futuras, para escolha dos mais adequados. Veja a seguir.

FERRAMENTA: REVISÃO DE LACUNAS (*GAPS*)

Após o preenchimento de forma colaborativa do campo "Produtos/*Tranches*", deve-se realizar a avaliação das lacunas na capacidade organizacional necessária para produzir o benefício esperado. A análise inicial do *gap* do modelo operacional **é uma comparação entre a organização atual e o design para a futura organização.**

Os produtos de projeto previstos nesta etapa fornecerão os meios para que a organização mude. Em regra, haverá mais de uma maneira de criar ou adquirir os resultados e benefícios. Como consequência, cada abordagem de *tranches* e produtos culminará em diferentes custos, prazos e riscos. Logo, compete a nós planejar o caminho para entrega do novo modelo operacional mais alinhado ao ambiente em que o programa está inserido.

Ao final do preenchimento dos campos "Capacidades atuais", "Produtos/*Tranches*" e "Capacidades futuras", com a análise e simulação de diversos modelos operacionais e com as combinações de estados futuros, esses modelos devem ser avaliados para identificar qual opção produz a "justificativa de programa" mais aceitável. A busca do modelo ideal visa, sempre que possível, produzir altos benefícios com entregas rápidas, minimizando os custos e riscos.

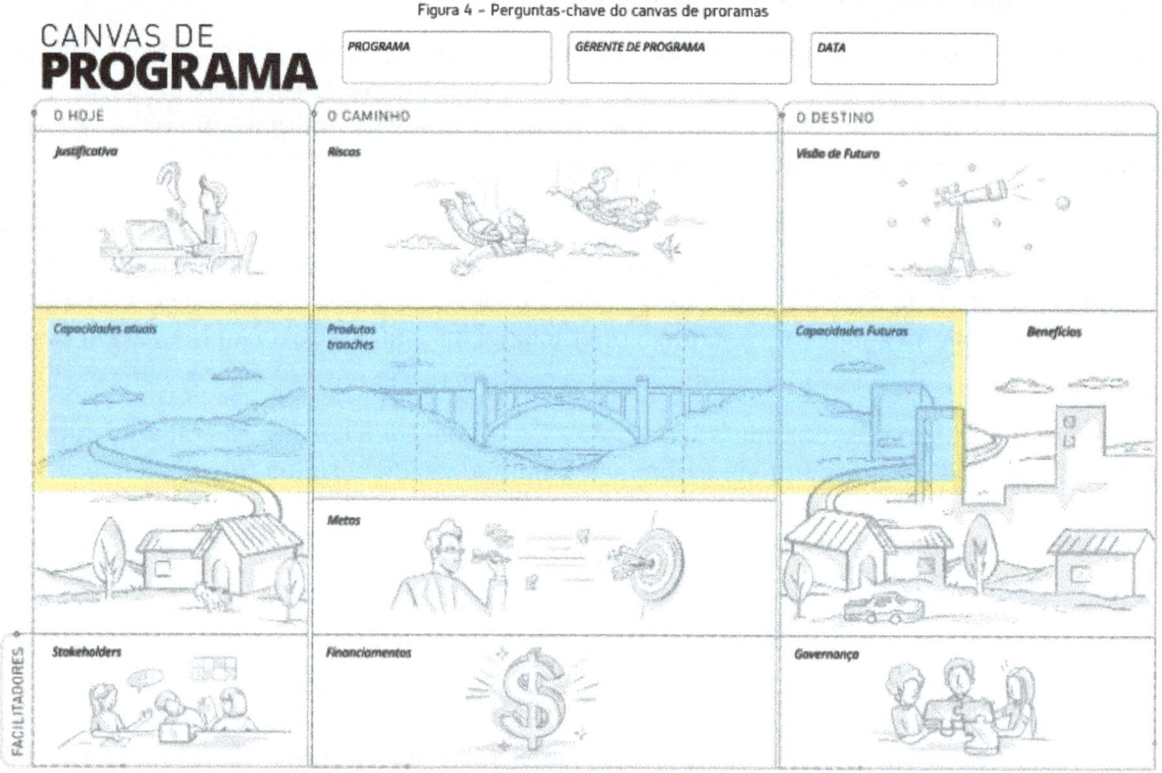

Figura 16. Revisão de lacunas (*gaps*) com os campos "Capacidades atuais", "Produtos/*Tranches*" e "Capacidades futuras" do PgM Canvas. Fonte: os autores.

ESTUDO DE CASO:

PROGRAMA CIDADE INTELIGENTE

De volta ao nosso estudo de caso do Programa Cidade Inteligente e considerando o campo "Produtos/*Tranche*" do **PgM Canvas**, poderemos ter:

- Identificação de produtos: no contexto de uma cidade inteligente, os produtos podem incluir uma série de elementos, como sistemas de monitoramento de tráfego, iluminação pública inteligente, sensores de qualidade do ar, sistemas de gerenciamento de resíduos, aplicativos móveis para cidadãos, entre outros. Cada um desses produtos é listado no campo "Produtos/*Tranches*", com uma descrição do que envolve.

- Divisão em *tranches*: dado que a transformação de uma cidade em uma cidade inteligente é um projeto de longo prazo, a divisão em *tranches* é essencial. Por exemplo, a primeira *tranche* pode incluir a implantação do sistema de iluminação pública inteligente em determinadas áreas da cidade, juntamente com um aplicativo móvel para relatórios de cidadãos. A segunda *tranche* pode envolver a implementação de sensores de tráfego e a expansão do sistema para outras áreas. Cada *tranche* é planejada com um conjunto específico de produtos, de acordo com a complexidade, os recursos necessários, o interesse político, a interdependência etc.

TRANCHE 1

- PROCESSO DE DIAGNÓSTICO DE POLUENTES
- CRIAÇÃO DE NOVOS MODAIS
- INTEGRAÇÃO DE ENTIDADES DE SEGURANÇA E POLICIAMENTO
- ACORDOS E PARCERIAS COM ORGANISMOS INTERNACIONAIS
- IMPLANTACAO SISTEMA DE ILUMINAÇÃO INTELIGENTE

TRANCHE 2

- IMPLEMENTAÇÃO DE SENSORES DE TRÁFEGO
- RECONHECIMENTO FACIAL NAS VIAS PÚBLICAS
- INTERNET PÚBLICA
- EXPANSÃO DO SISTEMA DE ILUMINAÇÃO PÚBLICA INTELIGENTE
- HELIPORTO PARA DRONES
- CONSTRUÇÃO DE CICLOVIAS

TRANCHE 3

- IMPLANTAÇÃO DA CENTRAL DE MONITORAMENTO
- CONSTRUÇÃO DE CICLOVIAS
- CRIAÇÃO DE NOVOS PARQUES ECOLÓGICOS

6.7. Riscos: quais são as incertezas existentes no caminho?

No contexto do gerenciamento de programas, os riscos são todos os desafios, as incertezas e os obstáculos que podem prejudicar a navegação suave em direção aos objetivos do programa. Riscos podem ser de diversas formas: financeiros, tecnológicos, operacionais, regulatórios e até mesmo políticos. Ignorá-los é como navegar às cegas em águas desconhecidas – uma receita para o desastre.

Neste campo, devemos responder à questão: "quais eventos incertos que, caso ocorram, terão um efeito sobre a direção do programa, a entrega de suas capacidades, a obtenção de resultados ou a realização dos benefícios esperados?".

O padrão de gerenciamento de programas (PMI, 2017b) aponta riscos de alinhamento à estratégia, *roadmap* do programa não aderente ao *roadmap* organizacional, recursos requeridos não sincronizados com a capacidade e a habilidade da instituição, dentre outros.

O MSP (AXELOS, 2020) apresenta uma lista de possíveis fontes de riscos: (i) gestão de benefícios, atividades de transição, custos, escopo e prazos; (ii) dependências, restrições, suposições, qualidade de operações, recursos e programa entregáveis; (iii) qualquer coisa que não possa ser resolvida pelo projeto, ou problemas comuns a mais de um projeto; (iv) partes interessadas, organização, pessoal e terceiros; (v) degradação do desempenho operacional além dos níveis aceitáveis; (vi) ambiguidade ou falta de conhecimento sobre o estado "atual", estado provisório e o estado final desejado; (vii) outros projetos e programas em andamento dentro da organização.

Entretanto, os riscos são inerentes ao tipo de programa e ao seu contexto. É bom entender quais são os objetivos e qual é o escopo do programa, quais suposições foram feitas, quem são as partes interessadas, onde o programa se encaixa dentro da organização e do atual ambiente da organização. Desse entendimento serão levantados riscos.

A gestão de riscos pode ser mais ou menos sofisticada, de acordo com as práticas adotadas na organização ou para o programa. Pode incluir limiares (*thresholds*), apetite ao risco, probabilidade e impacto, resposta ao risco e outros controles.

O *canvas* servirá para o levantamento dos principais riscos, sem aprofundamento, o que pode ser feito depois utilizando técnicas mais adequadas.

Além de analisar as listas ofertadas pelos padrões e os riscos relativos ao contexto, pode-se analisar cada *tranche* ou o conjunto delas. Temos recursos para todas as *tranches*? Quais são os seus impactos? A concentração de grandes mudanças em curto espaço de tempo pode aumentar os riscos do programa.

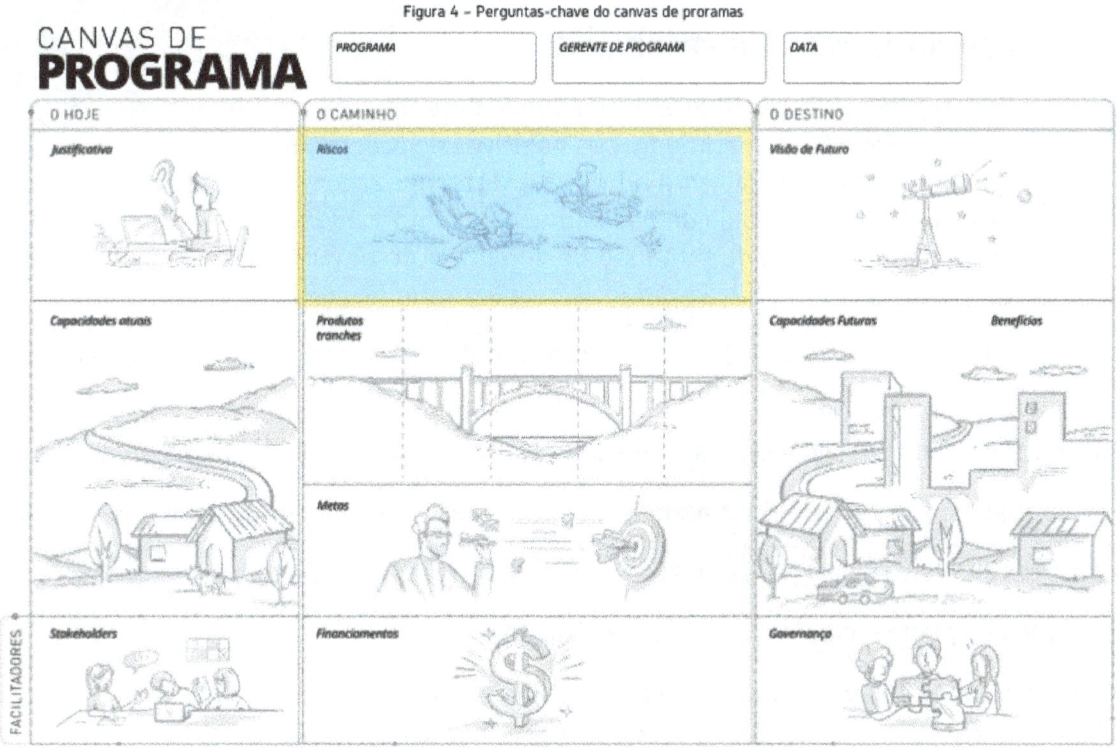

Figura 17. Campo "Riscos" do PgM Canvas. Fonte: os autores.

Sugere-se um bom *brainstorming* de levantamento dos riscos. A análise em termos de probabilidade ou impacto (P x I) e a definição de respostas a esses riscos não precisam ser feitas na mesma sessão. Esta última pode ser feita depois em uma planilha, catalogando todos os riscos levantados.

FERRAMENTA:

GESTÃO DE RISCOS DE PROGRAMAS

Para o MSP (AXELOS, 2020), risco é um acontecimento incerto que, se ocorrer, afetará o cumprimento dos objetivos do programa. A exposição dos objetivos do programa ao risco é determinada multiplicando a probabilidade percebida de cada ameaça ou oportunidade que ocorre por uma estimativa do tamanho de seu impacto em um ou mais dos objetivos.

Segundo o *Management of Risk* (MoR) (AXELOS, 2010), o processo de gerenciamento de riscos é estruturado em quatro passos:

- **Identificar:** listar todos os riscos possíveis, sejam eles grandes, pequenos ou aqueles que parecem improváveis.

- **Avaliar:** analisar a probabilidade de cada risco acontecer e o impacto que causariam caso ocorressem.

- **Planejar respostas:** definir estratégias para enfrentar, evitar, transferir ou até aceitar esses riscos.

- **Implementar:** coloque seu plano em ação! Implemente as ações.

Lembre-se: a gestão de riscos é um processo contínuo. Revisite o processo regularmente.

DICAS

- Vimos anteriormente que para identificar riscos é feito um *brainstorming* com a equipe. Mas também podem ser analisados o que falam os padrões e uma lista de riscos de outros programas similares.

- Dentre as técnicas que podem ser aplicadas no processo de identificação dos riscos, destacamos o universo de riscos. Nesta técnica os riscos são categorizados, sendo uma ótima forma de identificação de riscos. Isso pode ser útil para evitar lacunas de riscos elencados pela equipe.

- Identifique, identifique, identifique! Não tenha medo de listar todos os riscos potenciais, por menores que pareçam. Às vezes, pequenos riscos podem se transformar em grandes obstáculos se não forem tratados. Instrumentos como universo de riscos, exemplificado na Figura 18, ajudam nessa tarefa.

- Priorize com sabedoria. Nem todos os riscos são igualmente significativos. Concentre-se naqueles com o potencial de causar o maior impacto no seu programa, priorizando-os em seu plano de gerenciamento de riscos (P x I).

- Planeje com antecedência. Desenvolva estratégias de mitigação para cada risco identificado. Isso pode envolver alocar recursos adicionais, estabelecer planos de contingência ou simplesmente estar preparado para ajustar sua rota conforme necessário.

Figura 18. Universo de riscos. Fonte: adaptado de Hodges (2022).

Existem várias metodologias de riscos, mas geralmente elas têm muito em comum. O ideal é utilizar uma planilha para fins de gestão apropriada ao longo de todo o programa (ou um software especializado). Gerentes de programas que foram gerentes de projetos já são experientes na gestão de riscos e podem utilizar as mesmas metodologias ou as metodologias corporativas.

ESTUDO DE CASO:

PROGRAMA CIDADE INTELIGENTE

No âmbito do nosso estudo de caso sobre o Programa Cidade Inteligente de Xangrilá, é fundamental considerar os riscos que podem surgir ao longo do caminho.

Imagine que, ao planejar este programa ambicioso, a equipe tenha identificado vários riscos potenciais que podem afetar a sua execução bem-sucedida. Esses desafios são cruciais para entender o que pode atrapalhar o progresso em direção aos objetivos estratégicos.

-1 - Resistência à mudança: um dos principais desafios pode ser a resistência à mudança por parte dos cidadãos e funcionários públicos. A introdução de tecnologias avançadas e novos processos pode encontrar resistência devido ao medo do desconhecido. Garantir que haja conscientização e educação adequadas é essencial para superar esse desafio.

-2 - Orçamento limitado: como muitos programas, o Programa Cidade Inteligente pode enfrentar restrições orçamentárias. A aquisição e a implementação de tecnologias avançadas e infraestrutura podem ser caras. Gerenciar efetivamente o orçamento e buscar financiamentos adicionais será essencial para evitar a interrupção do programa.

-3 - Segurança cibernética: À medida que a cidade se torna mais conectada digitalmente, a segurança torna-se uma preocupação crítica. Ataques cibernéticos podem prejudicar a infraestrutura e comprometer a privacidade dos cidadãos. Desenvolver uma sólida estratégia de segurança cibernética será essencial para mitigar esse risco.

-4 - Escassez de habilidades: implementar tecnologias avançadas requer habilidades específicas que podem não estar prontamente disponíveis na cidade. Encontrar e treinar profissionais qualificados para gerenciar e manter a nova infraestrutura tecnológica é um desafio a ser enfrentado.

-5 - Aceitação pública: garantir que os cidadãos compreendam e aceitem as mudanças é crucial para o sucesso do programa. Qualquer falta de aceitação pública pode levar a atrasos e obstáculos na implementação.

Ao identificar esses riscos, a equipe de gerenciamento está mais bem preparada para avaliar (P x I), priorizar e desenvolver estratégias de mitigação.

CRESCIMENTO DESORDENADO

ATRASO NAS CONTRATAÇÕES

IMPACTO SOCIOAMBIENTAL DAS OBRAS

ESCASSEZ DE HABILIDADES

ACEITAÇÃO PÚBLICA

DEPENDÊNCIA TECNOLÓGICA

RESISTÊNCIA À MUDANÇA

ORÇAMENTO LIMITADO

SEGURANÇA CIBERNÉTICA

6.8. Metas: como medir o progresso?

Ao gerenciar um programa, você precisa de metas claras e bem definidas para medir o progresso e alcançar seus objetivos estratégicos.

As metas são suas aliadas nessa jornada. São elas que nos permitirão avaliar se o programa está no curso. Além disso, estimulam o engajamento dos *stakeholders* e nos fazem repensar as ações quando nos distanciamos do alvo.

É no campo "Metas" que você define as realizações específicas que deseja alcançar ao longo do programa. Essas metas são os indicadores-chave de sucesso que permitem medir o progresso e determinar se o programa está no caminho certo. Ter metas bem estabelecidas é essencial para manter a equipe focada e motivada, além de fornecer uma maneira clara de comunicar o sucesso aos *stakeholders*.

Portanto, devemos utilizar o campo para estabelecer metas dos benefícios (que devem ser sempre quantificáveis e mensuráveis) e outras metas relevantes para o gerenciamento do programa, como, por exemplo, aquelas referentes à disponibilização incremental de novas capacidades prontas para uso operacional.

EXEMPLOS

- Em um programa de desenvolvimento de software, uma meta poderia ser "lançar a versão beta do aplicativo até o final do segundo trimestre" e deve estar alinhada à *tranche* correspondente.
- Em um programa de expansão internacional de uma empresa, uma meta poderia ser "abrir três novas filiais em mercados-chave até o final do ano fiscal".
- Em um programa de sustentabilidade ambiental, uma meta poderia ser "reduzir as emissões de carbono em 10% em cada ano, nos próximos três anos".

Nos três casos, foram usados indicadores de desempenho (nos dois primeiros, com foco nas entregas) e de resultado (o terceiro, com foco nos benefícios gerados).

A seguir, esclarecemos melhor algumas dicas sobre indicadores e benefícios.

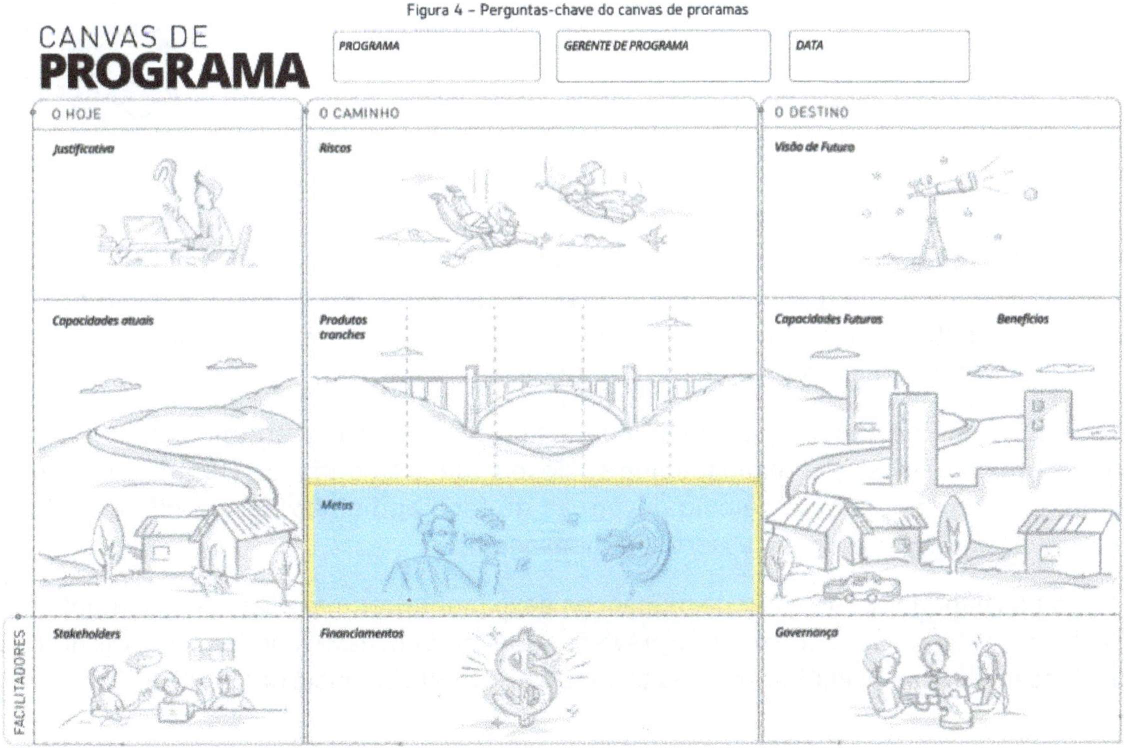

Figura 19. Campo "Metas" do PgM Canvas. Fonte: os autores.

Metas são a tradução dos objetivos em quantidades, prazos, disponibilidade ou qualquer outra coisa que seja concretamente mensurável. Uma boa técnica para criação de metas é a SMART. Cada letra é a inicial de uma característica que uma boa meta deve ter:

- **S:** *Specific* ou específica
- **M:** *Measurable* ou mensurável
- **A:** *Attainable* ou atingível
- **R:** *Relevant* ou relevante
- **T:** *Time based* ou temporal

Os indicadores são instrumentos que contribuem para identificar, medir e descrever aspectos relacionados a um determinado fenômeno ou objeto da realidade. A principal finalidade de um indicador é, portanto, traduzir, de forma mensurável (quantitativamente) ou descritível (qualitativamente), um ou mais aspectos da realidade dada (situação) ou construída (ação), de maneira a tornar operacional o seu acompanhamento.

Conforme Brasil (2020), os indicadores devem atender as propriedades de serem úteis (apoiar decisões), validade (representam o mais próximo possível a realidade que se deseja medir), confiáveis (fontes e metodologias de cálculo confiáveis), disponibilidade (dados para cálculo devem se de fácil aquisição), simplicidade (Fácil comunicação e entendimento) e clareza (expressar de modo assertivo a mensagem).

Durante a entrega dos benefícios, o gestor de mudanças deve monitorar métricas de desempenho de negócios para garantir que as mudanças estejam de acordo com as previsões. Ele também deve monitorar alertas precoces de problemas significativos que possam surgir e exigir interrupção ou medidas de contingência (AXELOS, 2020).

Metas utilizam indicadores quantificados em um prazo específico. Por exemplo, "redução anual de 1% de emissões de carbono", ou "redução de 5% de emissões de carbono em cinco anos" são exemplos de metas específicas, mensuráveis, atingíveis, relevantes e temporais. Em ambos os exemplos, o indicador é a emissão de carbono.

Uma meta bem formulada promoverá uma melhor comunicação, maior transparência e engajamento.

DICAS

- **Seja específico:** suas metas devem ser claras e específicas. Evite metas vagas que não possam ser mensuradas objetivamente.
- **Defina prazos:** cada meta deve ter um prazo determinado. Isso cria um senso de urgência e ajuda na programação.
- **Mensure o progresso:** acompanhe regularmente o progresso em direção às suas metas. Use métricas e indicadores relevantes.
- **Reveja e atualize:** à medida que o programa avança, reveja e atualize suas metas conforme necessário. Às vezes, as circunstâncias mudam. Lembre-se de que as metas não são apenas pontos de chegada, mas também ferramentas de monitoramento.

Da mesma forma que um jogador de dardos se esforça para acertar o alvo, suas metas são os alvos que guiarão seu programa em direção ao sucesso. Elas fornecem clareza, direção e a capacidade de medir o progresso.

Obs.: as metas podem ser associadas a cada tranche, o que vai ajudar a medir o progresso.

ESTUDO DE CASO: PROGRAMA CIDADE INTELIGENTE

A cidade de Xangrilá vai se transformar em uma cidade inteligente, onde a tecnologia e a inovação impulsionam a qualidade de vida de seus cidadãos.

Mas como saber se o program está no caminho certo? **São metas que indicarão quais os objetivos a serem alcançados ao longo do tempo**, e a sua mensuração poderá identificar se o curso está conforme planejado. Vamos dar uma olhada em algumas das metas cruciais que a cidade definiu, de acordo com a visão de futuro, os benefícios esperados e as capacidades a serem entregues:

- **Segurança pública inteligente:** Xangrilá visa aumentar a segurança pública com tecnologias avançadas. A meta é implementar um sistema de monitoramento por câmeras em tempo real em 100% das áreas de alto tráfego até o final deste ano.

- **Participação cidadã:** uma cidade verdadeiramente inteligente envolve seus cidadãos. Xangrilá definiu uma meta de aumentar a participação cidadã em 30% em dois anos por meio de aplicativos móveis interativos e sistemas de *feedback*.

- **Mobilidade sustentável:** para combater o congestionamento e reduzir as emissões, a cidade estabeleceu a meta de aumentar o uso de transporte público em 25% nos próximos cinco anos, incentivando soluções de mobilidade sustentável.

Cada uma dessas metas possui indicadores de desempenho específicos que ajudam a equipe do programa a monitorar o progresso. Eles sabem exatamente quanto progresso estão fazendo em direção a cada objetivo.

Mas essas metas não são gravadas em pedra. O gerente do programa entende que a flexibilidade é essencial em um programa de transformação tão amplo. Portanto, eles realizam avaliações regulares para verificar se as metas estão alinhadas com sua visão de futuro em constante evolução.

Definir e perseguir metas estratégicas é parte fundamental da jornada de Xangrilá para se tornar uma cidade inteligente. As metas fornecem um roteiro claro e um meio de medir o progresso. Observe que as metas devem ser compatíveis com os beneficios, mas também com as capacidades. Por exemplo, não seria compatível ter a meta de 100% das casas com esgoto, se o programa não está endereçando ações nesse sentido. Claro que isso pode ser revisto a qualquer tempo para acomodar mais necessidades de resultados.

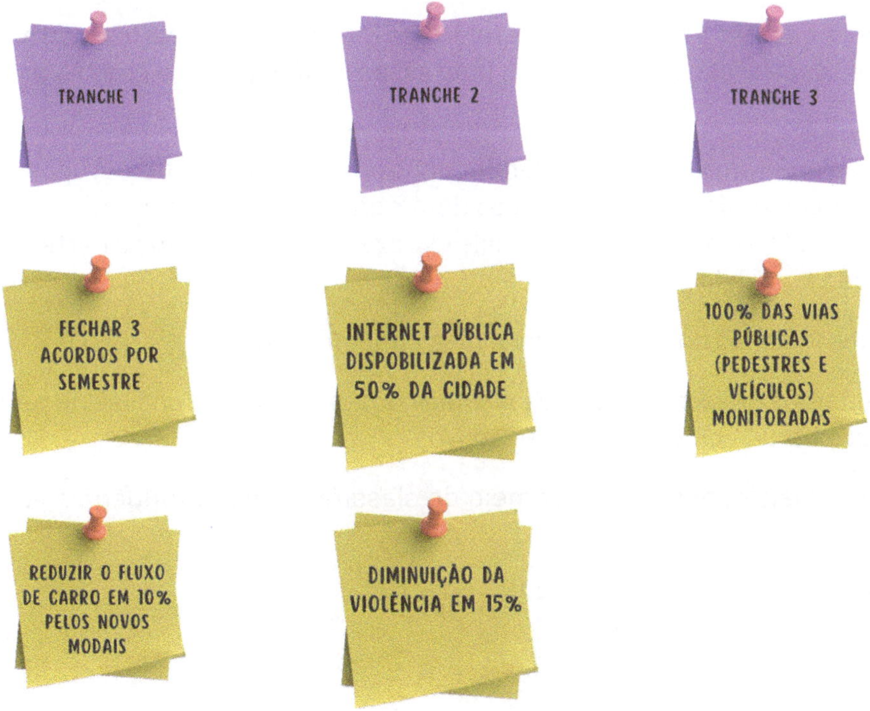

6.9. *Stakeholders*: quem são as partes interessadas?

Os *stakeholders*, ou as partes interessadas, é que moldam o programa, impulsionam e, às vezes, desafiam a jornada do programa. Impactam ou são impactados pelo programa, ou são beneficiados ou prejudicados.

Os *stakeholders* são os personagens centrais de qualquer programa. São as pessoas e entidades cujos interesses, ações e expectativas podem moldar o destino do programa.

No campo "Stakeholders", a questão a ser respondida refere-se a: "quem são as partes interessadas?". Essa identificação visa, em etapas posteriores, esclarecer quais são seus interesses e influências, e como o programa se relacionará com eles.

Neste campo do *canvas* de programas, devemos identificar os principais indivíduos, grupos ou organizações que podem afetar, ser afetados ou se perceber afetados pelas ações do programa e seus resultados. À medida que a declaração de visão e os planos do programa são elaborados, temos mais clareza sobre quem são as partes interessadas e quais são os resultados esperados por cada um deles.

O *canvas* possibilita a identificação dos *stakeholders*, mas podemos ir além.

De maneira opcional, podemos utilizar o campo "Stakeholders" para realizar a análise de perfil das partes interessadas ou então fazer em um papel à parte, como extensão ao *canvas*.

A análise de *stakeholders* mais conhecida é por meio da classificação por influência, interesse, atitude, poder ou importância.

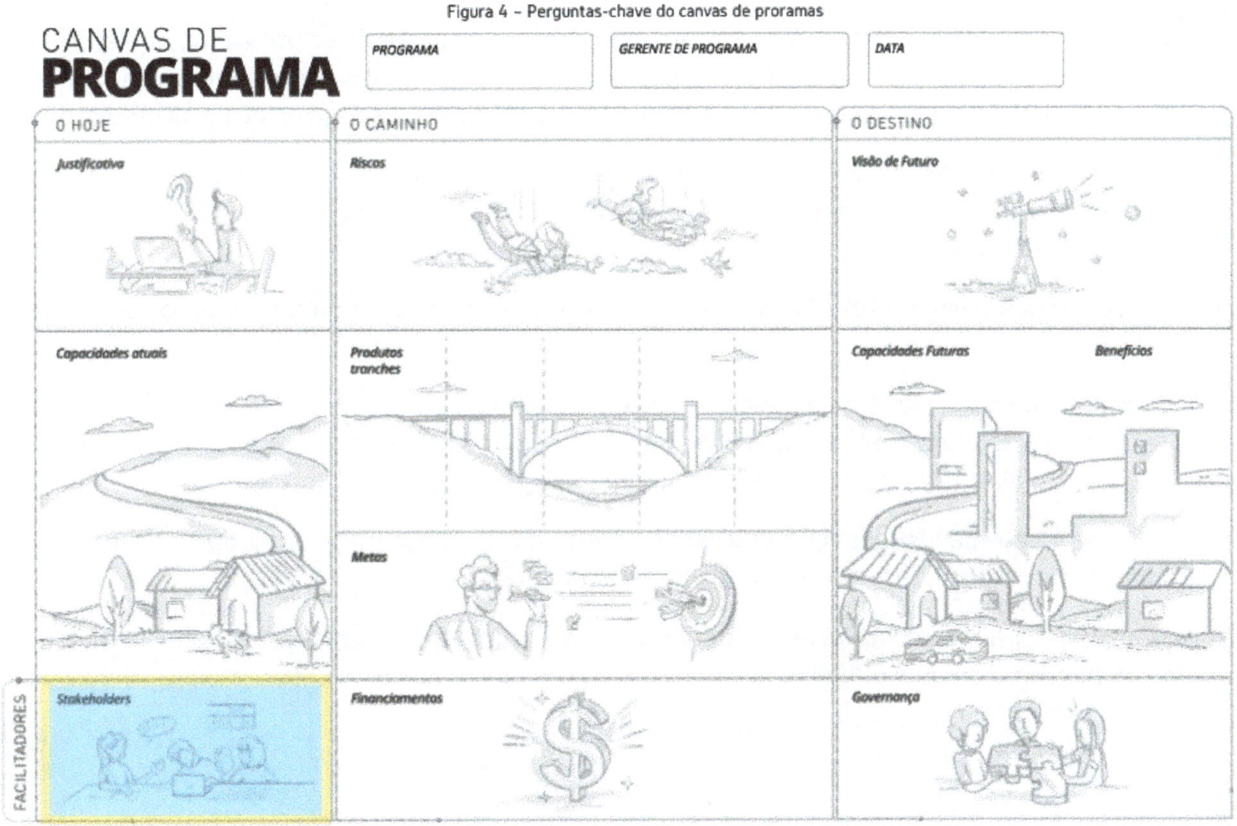

Figura 20. Campo "Stakeholders" do PgM Canvas. Fonte: os autores.

FERRAMENTA: GESTÃO DE STAKEHOLDERS

Diversas técnicas de identificação e priorização podem ser utilizadas no campo "Stakeholders" do **PgM Canvas**, a fim de compreender a influência, o interesse, a importância e o poder de cada parte interessada que será afetada (ou envolvida) pelo programa e seus resultados.

A matriz de influência e interesse permite visualizar as percepções atuais sobre as partes interessadas e revisá-las ao longo do programa. É uma técnica útil a ser aplicada durante o preenchimento do campo "Stakeholders".

A influência e o interesse das partes interessadas afetam o processo de mudança de negócios e o gerenciamento do programa.

Visando mapear cada *stakeholder* a partir de um plano cartesiano, identificamos o seu nível de interesse e influência. Para isso, utiliza-se a reta horizontal para avaliarmos o nível de interesse nos resultados do programa, podendo ser baixo ou alto; e a reta vertical para avaliarmos o nível de influência, podendo ser baixo ou alto.

Assim, a ferramenta fornece uma visualização que facilita tanto a priorização dos *stakeholders* quanto a definição da frequência e do canal de comunicação mais adequada para cada um.

Se o **PgM Canvas não tiver espaço** suficiente, use outra folha de papel para melhor identificar e qualificar seus *stakeholders*. Ou faça esse trabalho por meio de uma planilha.

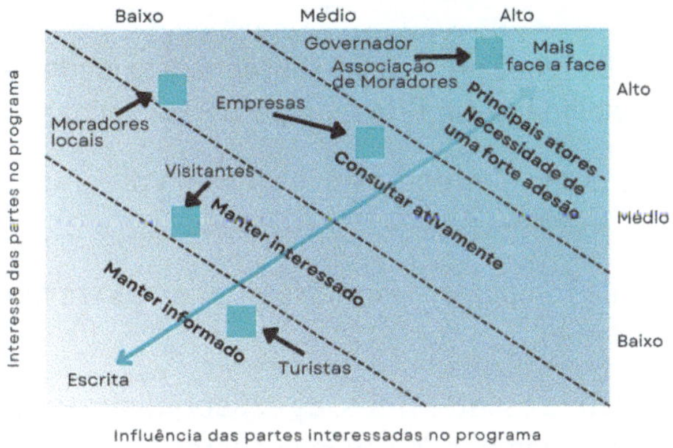

Figura 21. Matriz de influência e interesse. Fonte: adaptado de Axelos (2020).

EXEMPLOS

Exemplos de partes interessadas:

- **Patrocinadores executivos:** imagine-os como os produtores da peça, fornecendo os recursos financeiros e o apoio necessário para o sucesso do programa.
- **Usuários finais:** esses são os destinatários finais para quem o programa está entregando. Sua satisfação é fundamental.
- **Fornecedores e parceiros:** fornecem recursos essenciais para o desempenho do programa.
- **Comunidade:** os cidadãos e grupos que podem ser afetados pelo programa, mesmo que indiretamente.
- **Órgãos reguladores:** entidades governamentais ou instituições que estabelecem regulamentos a serem seguidos.

DICAS

Gerenciar partes interessadas é delicado. Você precisa equilibrar necessidades, expectativas e demandas muitas vezes conflitantes. Porém, quando feito com habilidade, pode levar a parcerias sólidas e a um programa de sucesso.

Entender quem são os *stakeholders* e como eles estão envolvidos no programa é essencial. Uma estratégia eficaz de gerenciamento de *stakeholders* envolve:

- **Identificação cuidadosa:** dedique tempo para identificar todos os *stakeholders*, mesmo os menos óbvios. Cada um pode ter um impacto significativo.
- **Mapeamento de interesses:** entenda os interesses, as expectativas e as necessidades de cada *stakeholder*. Isso ajudará na comunicação e no gerenciamento de suas expectativas.
- **Comunicação eficiente:** desenvolva um plano de comunicação robusto para manter todos os *stakeholders* informados sobre o progresso do programa.
- **Engajamento constante:** mantenha um diálogo aberto e contínuo com as partes interessadas. Mostre como o programa beneficia cada uma delas.
- **Resolução de conflitos:** esteja preparado para lidar com conflitos e divergências de interesses entre as partes interessadas.
- **Ouça atentamente:** esteja disposto a ouvir as preocupações e sugestões dos *stakeholders*. Eles podem oferecer *insights* valiosos.
- **Seja transparente:** não esconda os problemas. É melhor reconhecê-los e trabalhar juntos para encontrar soluções.
- **Gerencie expectativas:** seja claro sobre o que é realista e o que não é em relação aos objetivos do programa.
- **Esteja preparado para negociar:** às vezes é necessário fazer concessões para manter os *stakeholders* a bordo.

Conforme recomenda o MSP (AXELOS, 2020), a intepretação da matriz de influência e interesse pode ser realizada a partir da figura a seguir:

Figura 22. Exemplo de priorização de *stakeholders* individuais para um programa de caridade. Fonte: adaptado de Axelos (2020).

Independentemente de qual tenha sido a técnica utilizada na identificação e priorização (mapa de *stakeholders*, matriz de influência e interesse ou qualquer tipo similar de análise), as informações podem ser transcritas e detalhadas nos documentos de planejamento do programa, sobretudo no perfil de *stakeholders* e no plano de comunicação.

ESTUDO DE CASO: PROGRAMA CIDADE INTELIGENTE

No estudo de caso da transformação de Xangrilá em uma cidade inteligente, vamos aprofundar nossa compreensão sobre os *stakeholders*. Como mencionado anteriormente, essas partes interessadas desempenham um papel crucial.

Vamos dar uma olhada mais detalhada em algumas das partes interessadas que moldam esse cenário:

- **Cidadãos de Xangrilá:** a população da cidade, por necessitar de serviços públicos eficientes, um ambiente seguro e uma alta qualidade de vida, está no centro de tudo.

- **Empresas locais:** empresários e empreendedores locais veem essa transformação como uma oportunidade para crescimento econômico, mas também estão preocupados. Como essas mudanças afetariam seus negócios?

- **Governo municipal:** a administração da cidade é responsável pela tomada de decisões, pela alocação de recursos e pela garantia de que o programa avance.

- **Fornecedores de tecnologia:** empresas de tecnologia fornecem soluções e infraestrutura que tornam a cidade inteligente uma realidade.

- **Organizações ambientais:** dado o foco na sustentabilidade, esses grupos monitoram de perto como a transformação afetará o meio ambiente local.

- **Comunidade acadêmica:** as instituições acadêmicas locais veem a transformação como uma oportunidade para pesquisa e desenvolvimento, contribuindo para o avanço do conhecimento.

CIDADÃOS DE XANGRILÁ
EMPRESAS LOCAIS
GOVERNO MUNICIPAL
FORNECEDORES DE TECNOLOGIA
ORGANIZAÇÕES AMBIENTAIS
COMUNIDADE ACADÊMICA
MINISTÉRIO PÚBLICO
ASSOCIAÇÃO DE MORADORES
BANCO MUNDIAL

6.10. Financiamentos: como vamos pagar tudo isso?

Considerando que um programa possui a necessidade de níveis significativamente altos de financiamento ao longo de seu ciclo de vida, esta etapa do *canvas* de programas ganha relevância.

No campo "Financiamentos" devemos estipular, em alto nível, os recursos financeiros que serão necessários para sustentar o programa por *tranche*, sempre que possível prevendo a fonte de financiamento (empréstimo, investidor, fundos patrimoniais, orçamento público, reservas, parceiros etc.).

Em casos onde os são dados limites de financiamento por *tranche*, é uma boa prática definir o modelo operacional no campo "Produtos/*Tranches*" posteriormente ao campo "Financiamentos", considerando-se a restrição dos limites por etapa.

Nesta etapa de preenchimento do **PgM Canvas**, os benefícios já foram identificados. Portanto, têm-se informações suficientes para garantir que os recursos estejam equilibrados com o valor dos benefícios.

Portanto, ao finalizar o presente campo do **PgM Canvas**, devemos estar certos de que o programa possui fontes de financiamento suficientes e realistas para lidar com os níveis de mudança previstos e com a habilitação de novas capacidades organizacionais. Claro que uma sessão pode não ser suficiente para essa definição, mas em algum momento as fontes serão definidas e mais bem estimadas, completando essas informações relevantes.

Uma das características de um programa diz respeito à conexão existente entre os seus projetos. As relações entre projetos envolvem compartilhamento de recursos, planejamento, fases e qualquer outro parâmetro conforme acordado pela liderança do programa.

Desse modo, há uma utilização mais eficaz dos recursos alocados pelos *stakeholders*, que desejam a maximização da realização do benefício com o menor risco possível. Assim, as informações relacionadas ao financiamento são determinantes para a "venda" da mudança transformacional proposta durante as fases de identificação e definição do programa.

Dentre outros aspectos, a decisão por financiar ou não uma iniciativa passa pela escolha daquela que apresente maior eficiência. Melhorar a eficiência na execução dos projetos ajuda na obtenção de financiamento, uma vez que o tomador de decisão pode se beneficiar imensamente com o compartilhamento dos mesmos recursos nos projetos.

O campo "Financiamentos" responde à pergunta: "como iremos pagar por tudo isso?".

Aqui, você identificará as fontes de financiamento disponíveis para o seu programa e criará estratégias para gerenciar esses recursos ao longo do ciclo de vida do programa.

EXEMPLOS

Vamos dar uma olhada em como o financiamento pode ser aplicado em um cenário prático.

Suponha que você seja responsável por um programa de inovação em uma empresa de tecnologia. Sua missão é desenvolver produtos revolucionários que mudarão o mercado. Para financiar esse programa, você pode considerar várias fontes, como:

- **Orçamento interno:** recursos alocados pela própria empresa para investimentos em inovação.
- **Parcerias estratégicas:** colaborações com outras empresas que possuem interesses semelhantes, compartilhando custos.
- **Captação de recursos:** buscar financiamento externo por meio de investidores ou empréstimos.
- **Financiamento público:** explorar subsídios ou incentivos fiscais oferecidos pelo governo para projetos de inovação.
- ***Crowdfunding*:** envolver a comunidade ou investidores individuais por meio de plataformas de *crowdfunding*.

DICAS

- **Planeje com antecedência:** comece a considerar o financiamento desde o início do planejamento do programa. Quanto mais cedo você identificar fontes e criar estratégias, melhor.
- **Diversifique suas fontes:** não coloque todos os ovos na mesma cesta. Procure várias fontes de financiamento para reduzir os riscos.
- **Monitoramento contínuo:** acompanhe de perto o uso dos recursos financeiros ao longo do programa. Transparência é fundamental.
- **Ajuste conforme necessário:** esteja disposto a ajustar sua estratégia de financiamento à medida que o programa avança e as necessidades mudam.
- **Comunique-se com os *stakeholders* financeiros:** mantenha um canal aberto de comunicação com aqueles que financiam o programa. Eles precisam estar cientes do progresso e dos desafios.

No próximo item abordaremos a governança, o leme que manterá seu programa no rumo certo. Prepare-se para explorar como tomar decisões e manter a direção em meio às águas turbulentas da gestão de programas.

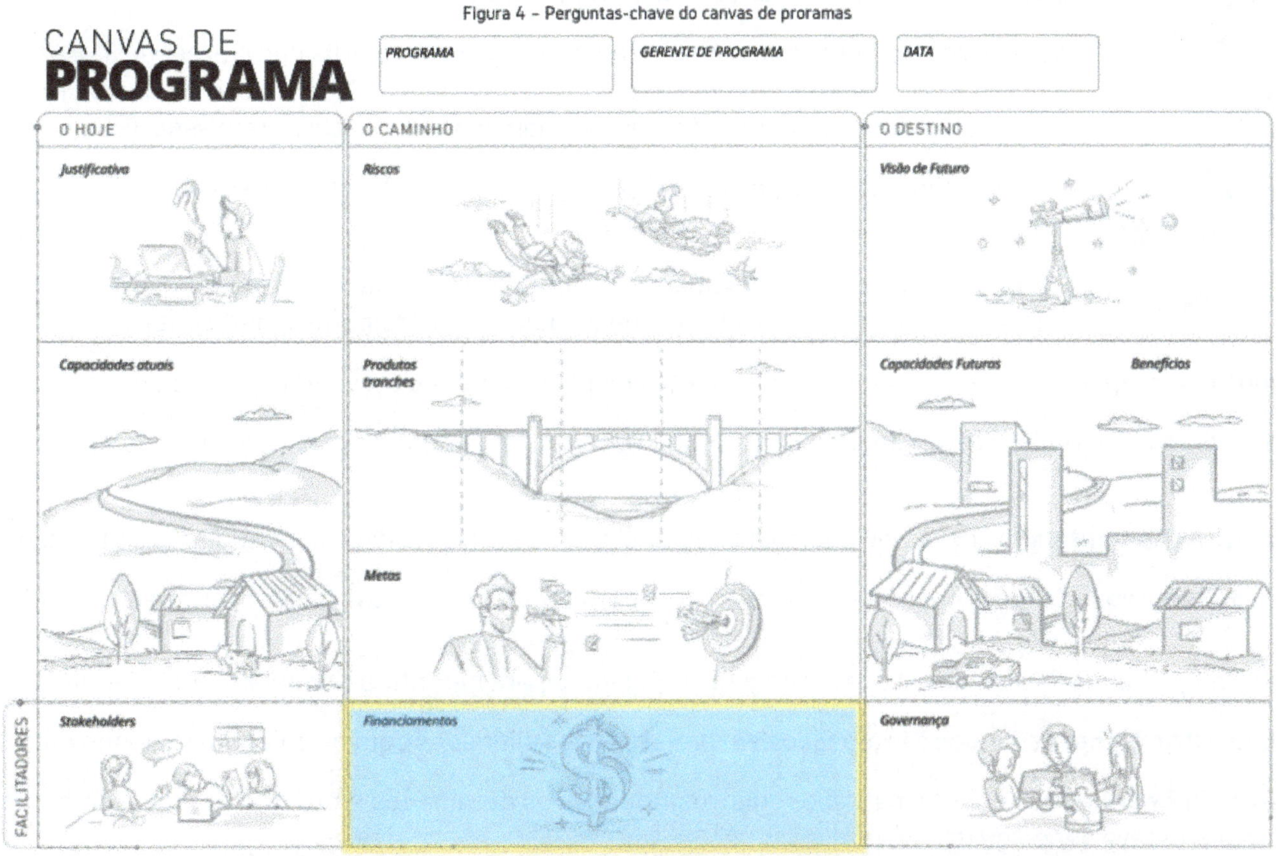

Figura 23. Campo "Financiamentos" do PgM Canvas. Fonte: os autores.

ESTUDO DE CASO: PROGRAMA CIDADE INTELIGENTE

Nada acontece sem recursos, e a transformação de Xangrilá não é exceção. Para financiar essa empreitada ambiciosa, a cidade orquestrou uma dança elaborada de recursos financeiros. Aqui estão algumas das principais fontes de financiamento que mantêm essa visão viva:

- **Financiamento internacional:** Xangrilá buscou financiamento em nível internacional, aproveitando organizações e acordos globais.

- **Financiamento para inovação:** o setor de tecnologia, energias renováveis e pesquisa está financiando projetos inovadores que ajudem a construir uma cidade inteligente.

- **Investimento municipal:** a cidade comprometeu uma parte significativa de seu orçamento para financiar a transformação.

- **Parcerias Público-Privadas (PPP):** Xangrilá estabeleceu acordos com empresas privadas para compartilhar custos e riscos.

- **Subsídios governamentais:** os governos nacional e regional ofereceram subsídios para apoiar projetos específicos.

- **Captação de recursos:** Xangrilá pode lançar campanhas de captação de recursos para envolver a comunidade local.

A cidade de Xangrilá poderia aplicar várias estratégias inteligentes para garantir o financiamento adequado:

- **Priorização estratégica:** os fundos são alocados em projetos mais alinhados com os objetivos de longo prazo da cidade.

- **Transparência financeira:** Xangrilá manteve registros financeiros detalhados e prestou contas à comunidade sobre como o dinheiro estava sendo gasto.

- **Gerenciamento de riscos financeiros:** a cidade implementou estratégias para mitigar riscos financeiros, como variações cambiais ou aumento de custos.

- Inovação financeira: Xangrilá explorou novas formas de financiamento, como títulos verdes para projetos sustentáveis.

Em sua estratégia de financiamento, Xangrilá pode também fazer algumas boas práticas, incluindo:

- Orçamento detalhado: estime cuidadosamente os custos envolvidos em seu programa, desde recursos humanos até tecnologia e infraestrutura.

- Identificação de fontes: identifique de onde virá o dinheiro. Será do orçamento público? Parcerias privadas? Subsídios?

- Cronograma financeiro: estabeleça quando você precisará dos fundos para manter o programa em funcionamento.

- Contingências financeiras: prepare-se para o inesperado. Tenha um plano B para o financiamento, caso surjam desafios inesperados.

TRANCHE 1	TRANCHE 2	TRANCHE 3
BANCO MUNDIAL: R$ 50 MILHÕES	SUBSÍDIO FEDERAL R$ 30 MILHÕES	ORÇAMENTO ESTADUAL R$ 5 MILHÕES
ORÇAMENTO MUNICIPAL R$ 5 MILHÕES	ORÇAMENTO MUNICIPAL R$ 5 MILHÕES	ORÇAMENTO MUNICIPAL R$ 5 MILHÕES
EMPRÉSTIMOS E FINANCIAMENTO R$ 12 MILHÕES	PARCERIA PÚBLICO- PRIVADA R$ 7 MILHÕES	CAPTAÇÃO DE RECURSOS LOCAIS R$ 1 MILHÃO

6.11. Governança: quem vai dirigir, monitorar e avaliar?

Imagine um grupo de pessoas determinadas a montar o quebra-cabeça mais complexo que já viram. Cada peça representa um aspecto importante do programa, e todas elas precisam se encaixar perfeitamente para alcançar a imagem completa da visão de futuro. No entanto, quem garante que essas peças se encaixem de maneira eficaz? A resposta está na **governança**. Ela direciona, monitora e avalia o programa em sua jornada rumo ao sucesso.

A governança não é apenas sobre tomar decisões de alto nível; também trata de manter o programa no caminho certo. Isso envolve monitoramento constante, avaliação de riscos e ajustes quando necessário.

A governança tem duas funções principais:

- **Direção:** ela fornece orientação e liderança para o programa, garantindo que todos trabalhem na mesma direção.
- **Controle:** ela estabelece mecanismos de controle para garantir que o programa permaneça dentro do orçamento, no prazo e atinja seus objetivos.

Um programa deve possuir uma estrutura organizacional que assegure sua continuidade e estabilidade. Desse modo, precisamos definir com clareza os principais papéis e as responsabilidades de cada um que integra estrutura do programa, para aumentar as chances de sucesso.

A governança dos programas é dividida em dois principais grupos onde as decisões são tomadas e a direção do programa é definida, a saber: (i) o Conselho Patrocinador do Programa, denominado também como Conselho Diretor do Programa, Comitê Executivo ou simplesmente Grupo Patrocinador (*Sponsoring Group*); e (ii) o Comitê Gestor do Programa ou Comitê do Programa (*Programme Board*).

O grupo patrocinador representa a alta direção da organização e é responsável por: decidir o investimento; definir a direção da organização; assegurar o nível superior de defesa da justificativa e dos objetivos do programa; e garantir o alinhamento geral contínuo do programa com a direção estratégica da organização.

Os membros do grupo patrocinador do programa são: a alta direção e o Executivo Patrocinador do Programa (conhecido também como Diretor do Programa, Dono do Programa ou *Senior Responsible Owner* - SRO). O Executivo Patrocinador do Programa garante que um projeto ou programa atenda aos seus objetivos e proporcione os benefícios projetados.

As principais responsabilidades do Executivo Patrocinador do Programa são: assegurar que o Comitê do Programa possua as habilidades, os recursos e a experiência necessários para promover a mudança; criar e comunicar a visão do programa; assegurar que o programa entregue capacidades e realize benefícios; estabelecer a estrutura organizacional do programa; monitorar riscos estratégicos do programa; e manter o alinhamento estratégico do programa.

Outro grupo onde as decisões são tomadas é o Comitê Gestor do Programa. Sua principal atribuição é gerenciar o programa com comprometimento e entregar os resultados e benefícios. Os membros obrigatórios do Comitê Gestor do Programa são o Executivo Patrocinador do Programa, o gerente do programa e o gestor de mudança organizacional, sendo facultada a participação dos patrocinadores dos projetos que integram o programa, dos representantes de áreas funcionais e do principal representante dos fornecedores.

Por ter assento nos grupos, o Executivo Patrocinador do Programa é o elo entre o Comitê Gestor do Programa e o Grupo Patrocinador, devendo o Comitê Gestor do Programa reportar ao Executivo Patrocinador.

O gerente do programa é o papel responsável por estabelecer a governança e liderar o planejamento, a gestão e a entrega do programa até a realização dos benefícios e o encerramento do programa.

O gestor de mudança organizacional, conhecido também como "agente de mudança", é responsável pela gestão de benefícios, da identificação até a realização, garantindo a implementação e adoção dos novos recursos disponibilizados a partir dos *outputs* dos projetos.

Desse modo, no campo "Governança" do **PgM Canvas** temos que identificar quem poderá atuar em cada um dos papéis para proporcionar uma estrutura que apoie a tomada de decisões. Para isso, devemos selecionar uma equipe de personalidades e habilidades prezando sempre pela diversidade e complementariedade. Os exemplos apresentados referem-se a boas práticas, mas cada programa deverá ter uma estrutura compatível com o contexto, os *stakeholders* envolvidos e a maturidade da organização.

DICAS

- **Clareza nas responsabilidades:** é essencial definir claramente quem são os responsáveis pelo quê. Evita conflitos e garante que todos saibam qual é o seu papel no programa.
- **Comunicação transparente:** mantenha todas as partes interessadas informadas e envolvidas.
- **Flexibilidade responsável:** a governança deve ser flexível o suficiente para se adaptar às mudanças, mas também responsável o suficiente para manter o programa no caminho certo.
- **Avalie e aprenda:** a governança não é estática. Avalie constantemente o desempenho e ajuste caso seja necessário.

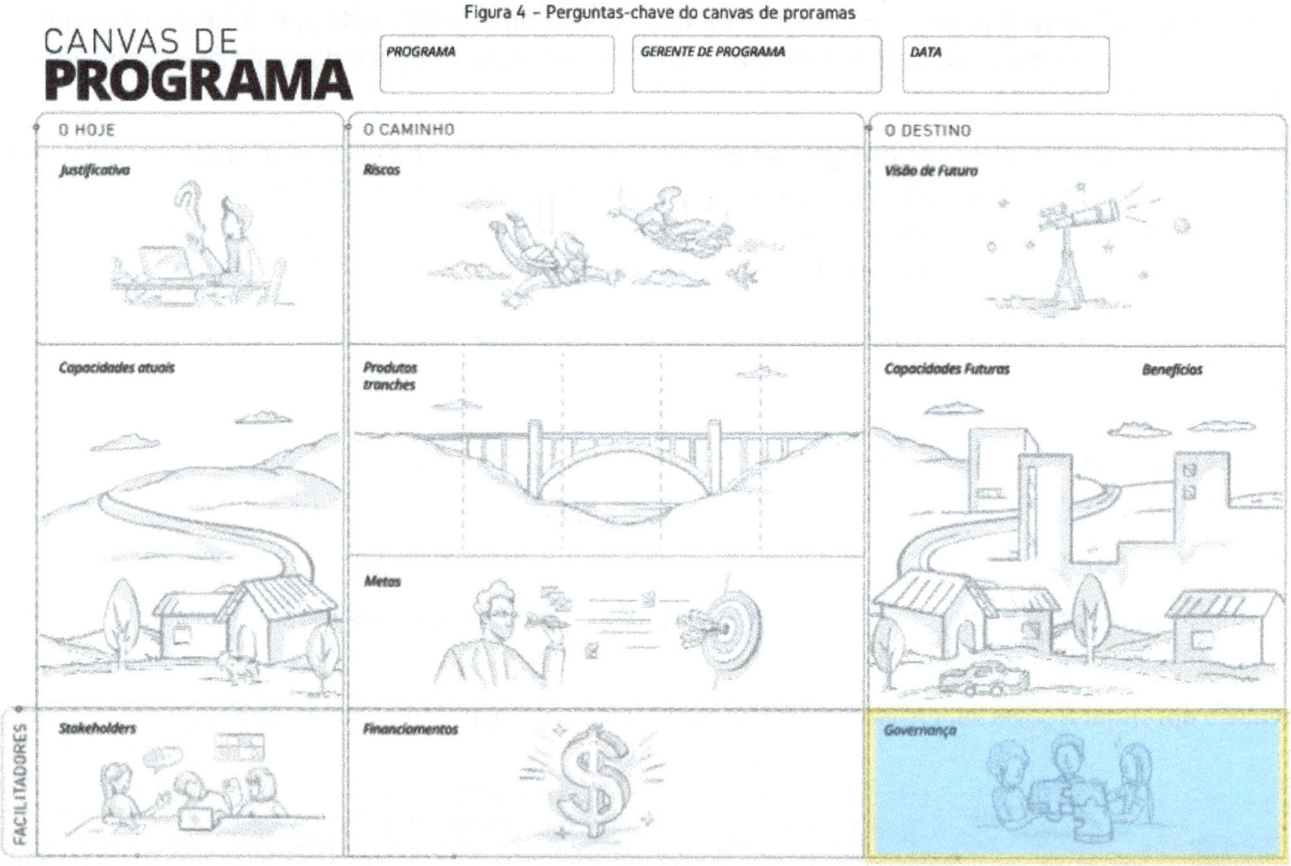

Figura 24. Campo "Governança" do PgM Canvas. Fonte: os autores.

O QUE DIZEM OUTROS AUTORES: GOVERNANÇA EM PROGRAMAS

Nas organizações que utilizam a abordagem de gerenciamento de projetos é comum observar problemas onde vários projetos são realizados dentro de organizações, incluindo: risco que a falta de coordenação e controle geral irá impactar negativamente a eficiência e eficácia; e a confusão sobre a responsabilidade de gerenciar várias demandas das equipes dos projetos (LYCETT; RASSAU; DANSON, 2004).

Nesse sentido, torna-se relevante uma adequada estrutura de governança do programa para aumentar suas chances de sucesso.

De acordo com o MSP, a construção de uma estrutura acertada de programa é fundamental para o processo de transformação e requer a combinação eficaz dos seguintes recursos para entregar os resultados desejados: (a) funções bem definidas; (b) prestação de contas e responsabilidades claras de cada uma dessas funções; (c) estruturas de gerenciamento e de relatórios (AXELOS, 2020).

O modelo usado na abordagem *Managing Successful Programmes* destaca três funções principais dos membros do Comitê Gestor do Programa: (a) o Patrocinador do Programa, que é quem possui a responsabilidade final pelo programa; (b) o gerente do programa, que é responsável pela configuração e execução do programa; e (c) o gerente de mudança de negócios, que é responsável pelos processos de gestão e realização de benefícios (AXELOS, 2020; LYCETT; RASSAU; DANSON, 2004).

ESTUDO DE CASO: PROGRAMA CIDADE INTELIGENTE

No contexto do estudo de caso sobre a transformação de Xangrilá em uma cidade inteligente, a governança desempenha um papel crucial na condução desse programa complexo e de grande envergadura. Várias partes interessadas estão envolvidas, incluindo os governos federal, estadual e municipal, empresas de tecnologia, instituições acadêmicas, cidadãos e organizações da sociedade civil.

A Governança define claramente quem são os principais tomadores de decisão e responsáveis pelo programa. Isso envolverá representantes do governo municipal, líderes da comunidade, especialistas em tecnologia, parceiros do setor privado e outros *stakeholders* relevantes. A governança deve estabelecer com clareza quais são os papéis e as responsabilidades de cada parte interessada, assegurando que todos estejam alinhados com os objetivos da transformação.

Para Xangrilá, a governança significa alinhar estrategicamente os esforços da cidade com os objetivos de se tornar uma cidade inteligente. Isso implica em garantir que cada projeto e iniciativa contribua efetivamente para essa visão de futuro. A governança irá monitorar constantemente se os recursos estão sendo alocados de acordo com a estratégia e se todas as partes interessadas estão trabalhando juntas para alcançar esse destino desejado.

Conforme novos desafios e oportunidades surgem ao longo do programa, a governança será responsável por tomar decisões. Isso pode incluir ajustes no escopo, realocação de recursos para áreas prioritárias, gerenciamento de riscos e resolução de conflitos. A governança permitirá que todas as partes interessadas contribuam com suas perspectivas.

A governança estabelecerá sistemas de monitoramento e avaliação robustos para acompanhar o progresso do programa. Isso envolve a coleta de dados relevantes, a medição do desempenho em relação às metas e a identificação de áreas que requerem intervenção. A governança será ágil o suficiente para ajustar a estratégia quando necessário, garantindo que o programa permaneça no caminho certo.

A governança promoverá uma comunicação aberta e transparente com todos os *stakeholders*. Isso incluirá relatórios regulares de progresso, oportunidades para *feedback* da comunidade e criação de um ambiente de colaboração. Transparência é essencial para construir a confiança entre todas as partes envolvidas.

Por fim, a governança será responsável por se adaptar às mudanças com a responsabilidade de manter o programa alinhado com os objetivos estratégicos. Isso significa que, à medida que surgirem novas tecnologias ou oportunidades, a governança avaliará cuidadosamente seu impacto na visão geral da cidade inteligente antes de fazer ajustes.

EXECUTIVO PATROCINADOR	REPRESENTANTE DO GOVERNO FEDERAL
GERENTE DO PROGRAMA	REPRESENTANTE DO MUNICÍPIO
GERENTES DE PROJETO	REPRESENTANTE SECRETARIA DE TRANSPORTE; REPRESENTANTE DO CENTRO DE PESQUISA; REPRESENTANTE DA EMPRESA DE TECNOLOGIA
GESTORES DE MUDANÇA	REPRESENTANTE DA ASSOCIAÇÃO DE MORADORES; REPRESENTANTE DA ASSOCIAÇÃO DE EMPRESÁRIOS; REPRESENTANTE DO MUNICÍPIO

7. Estudo de caso – Gestão de programas na administração pública

Um dos bons exemplos de uso sistematizado e institucionalizado de gestão de programas na administração pública é o Exército Brasileiro (EB), que organizou a sua ação em portfólio, subportfólios, programas, subprogramas e projetos e tem alcançado grandes ganhos desde então. O presente caso foi escrito por Antonio Henrique Duarte.

Como toda organização, o EB sempre gerenciou projetos, entretanto, sua primeira tentativa de forma padronizada e conforme as boas práticas internacionais foi iniciada em 2005, quando foi criado, por meio da Portaria nº 224-EME, de 23 de dezembro de 2005, o Escritório de Projetos do Exército. Este escritório era apenas uma seção de projetos, localizado na 2ª Subchefia do órgão de direção geral do Exército, nível imediatamente abaixo do comandante do Exército e responsável pela elaboração da Política Militar Terrestre, pelo planejamento estratégico e pela emissão de diretrizes estratégicas que orientem o preparo e o emprego da Força Terrestre (EPEX, 2022a).

Apesar de ter tido pouco alcance dentro do EB, esta seção produziu a primeira edição das Normas para Elaboração, Gerenciamento e Acompanhamento de Projetos no Exército Brasileiro (NEGAPEB), ainda como uma coletânea de modelos de documentos de gestão de projetos, mas plantando assim uma semente que viria a ser um dos grandes marcos para a implantação da cultura de gestão de projetos no EB (EPEX, 2016).

Em 2008, a aprovação, pelo Governo Federal, da Estratégia Nacional de Defesa (END), elaborada sob a coordenação do Ministério da Defesa, foi outro importante marco para o nascimento da cultura de gerenciamento de projetos na Força (BRASIL, 2014). Como consequência da END, o Comandante do Exército determinou ao Estado-Maior do Exército (EME) a preparação de um planejamento para atender às novas demandas, inclusive contendo os projetos de interesse da Força sobre articulação e equipamento.

Após a conclusão desse planejamento, denominado Estratégia Braço Forte, em dezembro de 2009, o EME identificou a necessidade de uma estrutura no Exército que pudesse avaliar, propor, coordenar e integrar as ações e os esforços de modo a viabilizar de forma efetiva a consecução dos projetos do Exército, com características de grande porte associadas à complexidade tecnológica e financeira. Com essa finalidade, foi criada a Assessoria Especial de Gestão e Projetos (AEGP) em 7 de abril de 2010, sob a chefia do então Gen. Div. Villas Bôas, futuro comandante do Exército, para trabalhar com quatro projetos iniciais: GUARANI, SISFRON, DEFESA ANTIAÉREA e OCOP (EPEX, 2022b).

Esse agrupamento dos principais projetos e pessoas num mesmo lugar literalmente deu outra velocidade ao aumento da maturidade em gerenciamento de projetos no EB. Levou à criação do atual Escritório de Projetos do Exército (EPEx) em 2012, por transformação da AEGP, posicionado mais uma vez num nível estratégico da Força, em seu órgão de direção geral (ODG) e com maior número de projetos sob sua gestão, mas agora denominados como Projetos Estratégicos do Exército (PEE).

Para que pudesse executar o gerenciamento dos projetos de forma padronizada e assim usufruir de todos os benefícios que o uso de uma metodologia traz a uma organização, como a identificação de boas práticas, lições aprendidas e trocas diversas de conhecimento, em 2013 foi aprovada a 2ª edição das Normas para Elaboração, Gerenciamento e Acompanhamento de Projetos no Exército Brasileiro (NEGAPEB), mas agora robustecida de conceitos e todos os modelos de documentos necessários para o gerenciamento, fundamentados no *PMBOK® Guide* (*Project Management Body of Knowledge*). O *PMBOK® Guide* é um conjunto de práticas na gestão de projetos organizado pelo *Project Management Institute* (PMI), considerado a base do conhecimento sobre gestão de projetos por profissionais da área (EPEX, 2022a).

As NEGAPEBs foram fundamentais para a padronização e disseminação da cultura de gerenciamento de projetos dentro do EB. A descentralização dos recursos de investimento, condicionando-os à existência de projetos elaborados segundo os modelos das NEGAPEBs, deu ao EPEx o protagonismo necessário para buscar os próximos passos.

Todas essas conquistas geraram um acúmulo de conhecimento que permitiu ao Exército, por intermédio do EPEx, diagnosticar mais tarde a necessidade de mudanças a fim de que a metodologia fosse aderente às efetivas demandas impostas que o Exército havia classificado como Projetos Estratégicos. A metodologia de projetos não era suficiente para gerir iniciativas tão complexas e de tão longo prazo.

Um estudo aprofundado do referencial teórico existente permitiu identificar que, na realidade, o EB tinha, no nível estratégico, projetos, programas, subportfólios e um portfólio. E que essas mudanças eram extremamente necessárias e trariam resultados práticos, entre eles, um controle e monitoramento mais adequados, um emprego mais racional dos recursos, a geração de benefícios e capacidades em vez de simples entregas e maior alinhamento estratégico (EPEX, 2016).

Cabe registrar que essas mudanças não se restringiram às variáveis endógenas do processo de gestão dos então PEE. Elas também buscaram atender às recomendações do Tribunal de Constas da União (TCU), que havia realizado uma auditoria operacional no PEE SISFRON na época e recomendado que o EB não focasse apenas em entregas, mas nos benefícios que suas iniciativas estratégicas traziam para a sociedade, seguindo assim uma tendência dos principais exércitos do mundo para a gestão de iniciativas complexas da área de defesa (MINISTÉRIO DA DEFESA, 2016).

O Exército, sob a coordenação do EPEx e com o apoio de outros órgãos do EB, definiu então o Portfólio Estratégico do Exército, com seus subportfólios e programas em clara aderência ao Mapa Estratégico da Força. Para a implantação e gestão destes foram desenvolvidas as "Normas de Elaboração, Gerenciamento e Acompanhamento do Portfólio e dos Programas Estratégicos do Exército (NEGAPORT - EB)" e realizada uma reestruturação do EPEx para executar os novos processos de gestão. A adoção da gestão de programas mudou o foco da entrega (eficiência) para a geração de capacidades e benefícios (eficácia e efetividade). As NEGAPORT-EB, com seus conceitos, processos, modelos e definição de estrutura de governança, permitiu a transformação dos então PEE em Programas Estratégicos do Exército (Prg EE), resolvendo as dificuldades de planejamento existentes, criando um planejamento macro para o longo prazo (plano do programa) e outros detalhados para períodos de quatro anos (*tranches* ou planejamento por ondas sucessivas), direcionando a reestruturação do EPEx e a implantação do Portfólio Estratégico do Exército.

As NEGAPORT-EB foram resultado de anos de experiência, muitos estudos, *benchmarking* com outras organizações (em especial, o PMO do Banco Central do Brasil) e investimentos... muitos investimentos em capacitação e certificação da equipe (PMP, PRINCE2®, MSP, P3O, MOR etc.). Enquanto as NEGAPEB tiveram como principal fundamentação o *PMBOK® Guide* 4ª edição, as NEGAPORT-EB, como consequência do nível de maturidade da época, já tiveram como referência o *The Standard for Program Management* e *The Standard for Portfolio Management*, do PMI, o *Managing Successful Programmes* (MSP) e *Portfolio, Programme and Project Offices* (P3O) da Axelos, além de metodologias de outras organizações governamentais.

Com a implantação do Portfólio Estratégico do Exército (Ptf EE), consolidou-se a gestão de projetos, programas e portfólio. O EPEx passou a ser reconhecido como instrumento de transformação dentro do Exército Brasileiro e modelo de gestão pública. Pelas práticas implementadas, em 2019, o EPEX foi agraciado como o melhor PMO do ano pelo PMI-DF.

Figura 25. Premiação do Exército como o melhor PMO do ano de 2019. Fonte: acervo pessoal de Antonio Duarte

O Ptf EE é atualmente constituído por cerca de 14 Programas Estratégicos, os quais possuem em seus respectivos escopos a aquisição ou desenvolvimento de mísseis teleguiados, radares de vigilância, veículos blindados, sistemas de monitoramento e controle, lançadores de foguetes, helicópteros, veículos aéreos não tripulados, entre outros, todos com alto grau de conteúdo tecnológico nacional e potencial de exportação, que transcendem o impacto sobre o Poder Militar, sendo ferramenta valiosa para o crescimento econômico e estímulo à inovação, ao desenvolvimento de tecnologias sensíveis de emprego dual, propiciando o fortalecimento da Base Industrial de Defesa (BID) e a capacitação da indústria e da mão de obra brasileiras com reflexos claros para o setor produtivo em geral (EPEX, 2022b).

É inegável o ganho operacional que a gestão de programas trouxe ao Exército. A mudança do foco de entregas para benefícios e capacidades trouxe maior sinergia, complementaridade e sustentabilidade às ações implantadas. Seguindo a nova metodologia, os principais programas, também chamados de indutores, devem gerar capacidades que contemplem o preconizado pelo acrônimo DOAMEPI.

A solução deve prover a Doutrina, a Organização, o Adestramento, o Material tecnológico, a Educação, o Pessoal e a Infraestrutura (DOAMEPI) necessários à nova capacidade (BRASIL, 2014). Ou seja: enquanto antes pensava-se apenas em adquirir um blindado de exércitos de países desenvolvidos, sem se preocupar com todas as outras questões envolvidas nessa aquisição, hoje busca-se, sempre que possível, desenvolver esse blindado no Brasil (letra M do acrônimo), desenvolver a nova doutrina necessária ao emprego desse blindado (letra D), criar ou adequar os cargos existentes no Exército para o preenchimento com pessoal para executar essa nova capacidade (letra O), prover o adestramento da tropa necessário ao emprego da nova doutrina (letra A), incluir nas escolas militares a formação necessária para operar, manter e empregar doutrinariamente esse novo material (letra

E), realizar transferências de pessoal para mobilizar toda a organização com pessoal necessário a essa nova capacidade (letra P) e, por fim, construir ou adequar as infraestruturas existentes para o atendimento a todas as demandas criadas para a implantação e sustentação da nova capacidade, seja a construção de laboratórios, oficinas, alojamentos, salas de aula etc. (letra I).

Todo esse arcabouço teórico citado, com seus processos, métodos, *templates*, funções e governança, você pode encontrar nos seguintes normativos:

- Normas para Elaboração, Gerenciamento e Acompanhamento do Portfólio e dos Programas Estratégicos do Exército Brasileiro - NEGAPORT-EB: <http://www.epex.eb.mil.br/images/publicacoes/Revista_Negaport/mobile/index.html#p=1>.
- Normas para Elaboração, Gerenciamento e Acompanhamento de Projetos no Exército Brasileiro - NEGAPEB: <http://www.epex.eb.mil.br/images/publicacoes/Revista_Nega/mobile/index.html#p=1>
- Normas para Elaboração, Gerenciamento e Acompanhamento de Custos do Portfólio, dos Programas e dos Projetos Estratégicos do Exército Brasileiro: <http://www.epex.eb.mil.br/images/pdf/Norma-EB20-N-08.002.pdf>.

8. Práticas de gestão de programas

Quando se trata de gerenciar programas complexos, é fácil se sentir sobrecarregado pelas inúmeras variáveis em jogo. As demandas de partes interessadas, os riscos imprevisíveis e a constante necessidade de adaptação podem tornar esse empreendimento desafiador. No entanto, há um caminho que reduz os problemas, e ele é pavimentado com as melhores práticas em gerenciamento de programas.

A seguir apresentamos boas práticas e dicas para a gestão do programas durante a sua execução até o seu encerramento.

Os programas são projetados para alcançar benefícios para as partes interessadas em todo o seu ciclo de vida. A gestão do programa requer foco na aprendizagem, no desenho e no redesenho contínuos em direção ao estado futuro desejado.

No decorrer do ciclo de vida do programa, deve-se estar sempre atento ao possível surgimento de novos benefícios.

Pela dinâmica dos programas e sua natureza distinta, seguem algumas práticas que podem auxiliar a melhor gerenciá-los.

8.1. Acostume-se com a ambiguidade

Acostume-se com a ambiguidade e seja flexível, adaptável e proativo.

Um dos princípios do MSP é "lide com a ambiguidade", que é inerente aos programas. É possível reduzir os riscos para diminuir a ambiguidade, mas o efeito possível disso é o consequente arrefecimento de oportunidades transformacionais do programa, limitando o seu alcance e sua efetividade, o que não é desejável. Outra escolha é seguir em frente e abraçar a incerteza, a volatilidade, a complexidade e a ambiguidade e criar um ambiente onde as pessoas possam trabalhar efetivamente com alta incerteza.

Como todos os projetos de um programa dependem uns dos outros de alguma forma, mesmo pequenos contratempos podem produzir grandes consequências se você não dedicar tempo e recursos necessários para abordá-los e resolvê-los. Com essa visão, poderá tomar decisões para otimizar o programa, adaptando abordagens, redistribuindo recursos entre projetos etc.

Uma marca registrada de qualquer gerente de programas bem-sucedido é sua capacidade de prever e gerenciar riscos com precisão. Esses riscos podem ser semelhantes aos que surgem em um projeto específico, como estourar o orçamento ou tarefas atrasadas, porém em uma escala maior.

Uma boa gestão de riscos ajuda o gerente de programas a atuar em ambiente ambíguo, visto que este, por natureza, apresenta mais chances de erros e necessidade de mudança de rumos. Sendo um ambiente de alto risco, o apetite de riscos deve ser coerentemente alto, apetite este que deve ser entendido (pelos *stakeholders* e pelo time) e acordado com transparência. As formas de trabalho devem permitir lidar com alta incerteza, talvez adotando conceitos comuns a "formas ágeis de trabalhar" e "segurança psicológica" que suporte erros.

8.2. Adote uma abordagem enxuta (*lean*)

Conforme exemplificado ao longo deste livro, o **PgM Canvas** auxilia, de forma intuitiva e colaborativa, a concepção e o planejamento do programa, permitindo uma visão integrada, desde a situação atual até o futuro pretendido, explorando também objetivos, metas e *stakeholders*. Outros instrumentos que podem ser úteis incluem cronograma, matriz de riscos e mapa de *stakeholders*, conforme dito anteriormente. O nível de aprofundamento no planejamento e na formalidade da documentação pode variar de acordo com a organização ou instituição. O ciclo de vida do programa é incremental e responsivo ao ambiente, com grande grau de incerteza, o que significa que é adaptativo por natureza.

A comunicação contínua é fundamental para que todos na organização estejam cientes não só do andamento do programa como dos resultados, dos benefícios alcançados e do progresso em relação aos objetivos. A transparência na comunicação é crucial.

Use instrumentos como *dashboards*, painéis visuais e outros mecanismos de comunicação, evitando relatórios densos que ninguém lê. Mesmo que trabalhe no governo, no terceiro setor ou em instituição que tenha a cultura de documentos longos, tente optar por documentação mais leve, intuitiva e ilustrativa, mais aderente ao mundo atual e, portanto, mais efetiva.

8.3. Não perca o propósito de vista

Não perca o propósito de vista e não deixe de alinhá-lo à estratégia da organização.

Conforme os princíplos do MSP "lidere com propósito" e "alinhe com as prioridades", é importante que o gerente do programa tenha em mente os objetivos do programa e garanta que os projetos estejam alinhados, dando foco ao que é realmente importante. O PMI também reforça a necessidade de o gerente do programa alinhar constantemente o propósito à estratégia. Uma dica é fazer a avaliação de alinhamento regularmente e comunicar, também regularmente, os resultados desejados, de forma a manter todo o time e os *stakeholders* alinhados.

O alinhamento evita que sejam empreendidas ações ou projetos que não contribuam com o propósito do programa, evitando desperdício e inefetividade de ações. Permite ainda que novas abordagens, estratégias e outras iniciativas sejam propostas de forma a potencializar o propósito e tornar o programa mais efetivo ou célere.

Em meio à complexidade dos programas, é fácil perder o rumo. Portanto, tenha o hábito de sempre revisar a visão de futuro. Cheque as ações e os projetos sendo feitos, relembre os benefícios esperados e se pergunte: o programa ainda serve ao propósito (ou o propósito ainda serve ao programa)?.

8.4. Comunicação é vital

Assim como na gestão de empresas, em projetos e mesmo na vida pessoal, comunicação é vital. Não seria diferente em programas.

Já comentamos a necessidade de engajamento com as partes interessadas. Tenha certeza de que os projetos estão alinhados aos objetivos do programa e concentre-se no que é importante. Para ativar o alinhamento contínuo, sugere-se manter um canal de comunicação com tomadores de decisões estratégicas e revisar objetivos, prioridades, escopo, resultados e funções do programa, sempre fazendo os ajustes necessários.

Envolva as partes interessadas, garantindo que elas entendam o que mudou, e forneça informações sobre os impactos desses ajustes.

As informações devem ser baseadas em evidências e consistentes, pois servirão também para tomada de decisão. O planejamento das comunicações, já conhecido do gerente de projetos, é ferramenta útil, bem como ferramentas visuais e informatizadas. O **PgM Canvas** final deve estar disponível para todos, bem como quadros de evolução dos benefícios, sistema de evolução dos projetos, *roadmap* do programa e outros.

8.5. O sucesso dos programas depende também dos projetos

Em qualquer organização, o sucesso de um programa está inextricavelmente ligado ao sucesso de seus projetos individuais. Embora o programa seja uma entidade mais ampla, projetada para alcançar benefícios estratégicos e realizar objetivos organizacionais, são os projetos que compõem a base desse programa. Cada projeto é uma peça fundamental do quebra-cabeça, contribuindo para o resultado final do programa.

Enquanto projetos são empreendimentos temporários com um objetivo claro e definido, programas são coleções de projetos e outras iniciativas que são gerenciadas e coordenadas como um grupo para obter benefícios que não estariam disponíveis se fossem gerenciados individualmente.

Em outras palavras, um programa é mais do que a soma de seus projetos. Ele entrega produtos ou serviços, enquanto busca alcançar benefícios de longo alcance.

Dado esse relacionamento intrínseco, o papel do gerente de programas torna-se ainda mais crucial. Ele deve estar atento aos projetos individuais e aos gerentes de projeto que os lideram.

Um programa bem-sucedido é frequentemente resultado de projetos bem gerenciados, e projetos bem gerenciados são frequentemente o resultado de gerentes de projetos dedicados, experientes e bem apoiados.

Mas como um gerente de programas pode aumentar as chances de sucesso dos projetos individuais? Se puder escolher os gerentes de projetos do seu programa, selecione aqueles dedicados. Além de habilidades técnicas, as capacidades interpessoais são cruciais para liderar equipes e interagir com *stakeholders*. Embora nem sempre seja possível, o gerente de programas deve idealmente desempenhar um papel ativo nesse processo de seleção. O gerente de programas pode também oferecer *coaching* e mentoria, fornecendo orientação, compartilhando experiências e auxiliando na resolução de problemas. Isso não só garante o sucesso dos projetos, como também contribui para o desenvolvimento profissional dos gerentes de projetos. Além disso, a comunicação eficaz é fundamental, exigindo canais abertos entre o gerente de programas, os gerentes de projetos e suas equipes, o que ajuda na identificação e solução rápida de problemas. Por último, o treinamento é crucial, especialmente quando os gerentes de projetos não estão suficientemente qualificados para os desafios propostos; cabe ao gerente de programas facilitar esse treinamento, o que ajuda a padronizar os processos de trabalho e a fomentar uma cultura de relatórios e comunicação constante.

8.6. Gestão de *stakeholders* é chave

O padrão de gestão de programas do PMI inclui o engajamento das partes interessadas.

Para gerar relacionamentos, é importante ter estratégias também de engajamento intencional por meio de acordos sobre formas de trabalho, responsabilidades, clareza na tomada de decisão e maneira como as equipes irão interagir e compartilhar informações, bem como uso de técnicas de facilitação, como realização de reuniões, sessões de trocas de informação e lições aprendidas e mesmo sessões de diversão e entretenimento.

O envolvimento das partes interessadas é fundamental para o sucesso de qualquer programa. Desde o início, identifique todas as partes interessadas relevantes e crie oportunidades para que elas participem ativamente.

Ouça suas preocupações, obtenha *feedback* e envolva-as na definição de metas e na tomada de decisões. Quando as partes interessadas se sentem valorizadas e envolvidas, se tornam mais propensas a apoiar o programa e a contribuir para seu sucesso.

8.7. Dê ritmo, acompanhe as mudanças e gerencie os benefícios

Uma boa dica para alcançar o ritmo certo é planejar a entrega de capacidades e a obtenção de resultados com as partes interessadas. A estrutura organizacional do programa deve trazer rigor, mas deve ser transparente e conhecida. Concentrar-se em alcançar benefícios incentiva a melhoria contínua, bem como reuniões frequentes e distribuição constante de informações.

O gerenciamento de benefícios do programa, de acordo com o PMI (2017b), define, cria e maximiza os benefícios do programa.

Uma boa dica é garantir que as partes interessadas estejam envolvidas desde a identificação do benefício até a sua realização, com comunicação bidirecional. Pessoas engajadas são o ingrediente principal para a obtenção de benefícios, por isso as dicas de comunicação e gestão de *stakeholders* complementam estas.

Os benefícios devem ser mensuráveis; caso contrário, como sabemos que eles foram realizados? Os projetos devem estar alinhados e contribuir para os benefícios. Como gestor do programa, concentre a tomada de decisão na obtenção de benefícios - os programas são focados em resultados, não em entregas.

No decorrer do ciclo de vida do programa, deve-se estar sempre atento ao possível surgimento de novos benefícios.

Durante cada *tranche*, capacidades ou produtos planejados são entregues. Isso pode incluir sistemas, processos, infraestrutura ou qualquer outra entrega específica necessária para alcançar os objetivos do programa.

É importante a realização de revisões regulares ao longo da fase de entrega. Essas revisões permitem avaliar o progresso, ajustar o plano conforme necessário e garantir que o programa permaneça alinhado aos objetivos estratégicos.

Após a conclusão de uma *tranche*, o programa pode avançar para a próxima *tranche*. Isso envolve uma revisão cuidadosa das lições aprendidas na *tranche* anterior e a adaptação do plano de acordo com as mudanças nas circunstâncias ou nos requisitos.

Mas antes do encerramento da *tranche*, faz-se necessário absorver os resultados obtidos. Certifique-se de que os resultados sejam incorporados.

A absorção dos resultados é a fase em que o valor real de um programa é percebido. É o momento em que os benefícios planejados se tornam realidade e contribuem para o sucesso contínuo da organização. Portanto, essa fase deve ser cuidadosamente planejada, monitorada e gerenciada para garantir que os resultados sejam totalmente realizados e sustentados.

Finalmente, ao chegar ao encerramento do programa, é hora de analisar os resultados alcançados em relação aos benefícios esperados. Documente todas as informações relevantes do programa para referência futura e identifique as lições aprendidas ao longo do caminho. Essas lições ajudarão a melhorar futuros projetos e programas e consolidarão seu conhecimento e experiência.

Cada desafio superado, cada projeto concluído e cada objetivo alcançado o tornam um gerente de programas mais habilidoso. Portanto, celebre as conquistas com sua equipe!

8.8. Programas avançam para a operação

O gerente de programas desempenha um papel fundamental também na transição para o "Business As Usual" (BAU) ou, em tradução livre, "negócio como de costume". Essa transição é crítica no ciclo de vida de qualquer programa, pois é o momento em que as entregas do programa são integradas às operações cotidianas da organização.

Em teoria, a transição pode parecer uma simples passagem do estado de projeto para o estado operacional. No entanto, na prática, envolve uma série de desafios e nuances que exigem uma gestão cuidadosa.

Aqui estão algumas razões pelas quais a transição é tão crucial e como o gerente de programas desempenha um papel vital nesse processo:

- **Mudança cultural:** a introdução de novos processos, sistemas ou ferramentas geralmente requer uma mudança na cultura organizacional. O gerente de programas deve garantir que essa mudança seja suave, oferecendo treinamento adequado, comunicação clara e suporte contínuo à equipe durante e após a transição.
- **Adequação da operação:** uma vez que um programa é concluído, suas entregas devem ser integradas às operações diárias. Isso envolve ajustar processos existentes, redefinir papéis e responsabilidades ou até mesmo reestruturar equipes. O gerente de programas deve trabalhar em estreita colaboração com as partes interessadas para garantir que essa integração seja bem-sucedida.
- **Uso das capacidades desenvolvidas:** um programa bem-sucedido desenvolve novas capacidades que podem ser aproveitadas pela organização. O gerente de programas deve garantir que essas capacidades sejam reconhecidas, valorizadas e utilizadas de forma eficaz.

DICAS NA TRANSIÇÃO

- **Planeje a transição** - Os produtos e serviços gerados pelo programa devem entrar em produção de forma planejada e segura, para fins de redução de problemas operacionais e para garantir a obtenção dos benefícios desejados. Uma transição envolve equipes de operações, suporte e, especialmente, impactará os usuários finais. Por isso pense em protocolos técnicos, treinamentos e sessões de esclarecimento para minimizar riscos e aumentar a efetividade.
- **Garanta uma comunicação efetiva** - A comunicação contínua é fundamental para garantir que todos na organização estejam cientes dos resultados do programa, dos benefícios alcançados e do progresso em relação aos objetivos. A transparência na comunicação é crucial.
- **Avalie as lições aprendidas ao longo do processo de absorção dos resultados** - É importante avaliar constantemente as lições aprendidas. Isso inclui identificar o que funcionou bem e o que poderia ser melhorado para futuros programas. Tudo deve ser registrado.
- **Acompanhe o início da operação e coleta de resultados** - À medida que a organização utiliza os resultados, pode identificar áreas que precisam de adaptação ou melhoria. Adicionalmente, a coleta dos benefícios deve ser feita. Essa flexibilidade é fundamental para a eficácia a longo prazo.

No MSP (*Managing Successful Programmes*), o responsável pela transição é o "Business Change Manager" (BCM), ou, em tradução livre, "Gerente de Mudança de Negócios". O BCM é responsável por garantir que os benefícios do programa sejam realizados e que a transição do "estado atual" para o "estado futuro" seja bem-sucedida. Portanto, tenha desde o início do programa o BCM engajado. Mesmo que você tenha a responsabilidade, como gerente do programa, de fazer a transição e não exista espaço na sua organização para esse "papel", aloque alguém da operação para ajudar. Caberá ao BCM coletar os benefícios e garantir a sustentabilidade dos benefícios e resultados ao longo do tempo.

8.9. Fique alerta aos desafios mais comuns

Embora os programas sejam instrumentos poderosos para realizar mudanças significativas, eles também estão sujeitos a uma série de desafios. Exploraremos a seguir alguns mais comuns e discutiremos como superá-los.

CONFLITOS DE INTERESSE ENTRE AS PARTES ENVOLVIDAS

O gerenciamento de programas envolve uma rede complexa de partes interessadas, cada uma com seus próprios objetivos e prioridades. Conflitos de interesse podem surgir quando esses objetivos não estão alinhados. Por exemplo, organizações podem ter metas diferentes de outras empresas envolvidas. Líderes de projetos podem competir por recursos limitados. A chave para enfrentar esse desafio é a comunicação em torno da visão de futuro e dos benefícios. Além disso, crie um ambiente em que todas as partes interessadas possam expressar suas preocupações e trabalhar juntas na busca de soluções que beneficiem o programa como um todo.

RESISTÊNCIA À MUDANÇA

A resistência à mudança é um obstáculo comum em programas que envolvem transformações significativas. As pessoas tendem a se sentir confortáveis com a rotina e muitas vezes resistem a novas maneiras de fazer as coisas. Para superar essa resistência, é essencial envolver as partes interessadas desde o início, comunicar claramente os benefícios da mudança e fornecer suporte e treinamento adequados para facilitar a transição.

FALTA DE RECURSOS ADEQUADOS

Programas bem-sucedidos exigem recursos adequados, incluindo financiamento, pessoal e tecnologia. A falta de recursos pode levar a atrasos, qualidade inferior e, em última análise, ao fracasso do programa. A solução para esse desafio é realizar uma análise completa das necessidades de recursos desde o início do programa, garantir o alinhamento com a estratégia organizacional e buscar ativamente o suporte necessário.

FATORES EXTERNOS IMPREVISÍVEIS

Por fim, os programas estão sujeitos a fatores externos imprevisíveis, como mudanças regulatórias, sucessão em empresas envolvidas, eventos climáticos extremos ou crises econômicas. Esses eventos podem ter um impacto significativo no programa e exigem uma capacidade de adaptação ágil. A chave para enfrentar esse desafio é incluir a flexibilidade no planejamento do programa, identificar riscos potenciais e desenvolver estratégias de mitigação.

INADEQUAÇÃO AO CONTEXTO

Embora as melhores práticas forneçam uma estrutura sólida, é importante reconhecer que cada programa é único, bem como cada organização é única. Não hesite em adaptar essas práticas para atender às necessidades específicas do seu programa. Ajuste processos, recursos e estratégias para melhor se alinharem aos objetivos do programa e às características do ambiente em que ele opera.

O gerenciamento de programas é uma disciplina complexa que exige habilidades e recursos significativos.

No entanto, ao reconhecer e enfrentar esses desafios comuns, os gerentes de programas podem aumentar significativamente suas chances de sucesso.

Lembre-se: cada desafio oferece uma oportunidade de aprendizado e crescimento, tanto para o programa quanto para os profissionais envolvidos.

Esperamos que você se encante pela gestão de programas e sua capacidade transformacional.

Referências

ANGUS, G. Y.; KITTLER, M. Matching programme structure to environment: a comparative study of two IS-based change programmes. **International Journal of Project Management**, vol. 30, n. 6, p. 740-749, 2012.

APMG INTERNATIONAL. **Managing Benefits™ Certification.** Disponível em: <https://apmg-international.com/product/managing-benefits>. Acesso em: 03 jul. 2024.

AXELOS. **Managing Successful Programmes.** 5th. ed. Norwich: TSO, 2020.

AXELOS. **Management of Risk:** guidance for practitioners. 3rd. ed. Norwich: TSO, 2010.

BRADLEY, G. **Benefit Realisation Management:** A Practical Guide for Achieving Benefits through Change. Aldershot, Hants, Engl.: 2006.

MINISTÉRIO DA DEFESA. **EB10-N-01.004 - Normas para Elaboração, Gerenciamento e Acompanhamento do Portfólio e dos Programas Estratégicos do Exército Brasileiro - NEGAPORT-EB.** Separata Ao Be n. 48/2016, 114.

BRASIL. **Estratégia Nacional de Defesa.** 01 jan. 2014. Atualizado em 21 fev. 2024. Disponível em: <https://www.gov.br/defesa/pt-br/assuntos/copy_of_estado-e-defesa/estrategia-nacional-de-defesa>. Acesso em: 03 jul. 2024.

BRASIL. **Manual de Indicadores do Plano Pluri Anual 2020-2023.** Brasília, DF: Ministério da Economia, 2020.

COTTA, T. C. Metodologias de avaliação de programas e projetos sociais: análise de resultados e de impacto. **RSP – Revista do Serviço Público**, ano 49, n. 2, ENAP, Brasília, 1998.

DOMINGOS, A.; SILVA, L. Teoria do Programa: o que é, para que serve e quando fazer? **Associación Latinoamericana de Ciência Politica (ALACIP)**, 2017.

EPEX. **Memória Para Decisão 001.** EPEx/SGM, 2016.

ROSSI, P. H.; LIPSEY, M. W.; FREEMAN, H. E. **Evaluation:** a systematic approach. [S.l.]: Sagepublications, 2003.

EPEX. **Histórico do Escritório de Projetos do Exército.** 2022a. Disponível em: <http://www.epex.eb.mil.br/index.php/historico>. Acesso em: 03 jul. 2024.

EPEX. **Portfólio Estratégico do Exército.** 2022b. Disponível em: <http://www.epex.eb.mil.br/index.php/texto-explicativo>. Acesso em: 03 jul. 2024.

FERNS, D. C. Developments in programme management. **International Journal of Project Management**, vol. 9, n. 3, p. 148-156, 1991.

HODGES, A. Risk Universe. **Internal Audit and Risk Management**, Oct. 19, 2022. Disponível em: <https://internalauditandriskmanagement.com/risk-universe/>. Acesso em: 03 jul. 2024.

JENNER, S. **Realising Benefits from Government ICT Investment:** a fool's errand? Reading, UK: Academic Pub. International, 2009.

LYCETT, M.; RASSAU, A.; DANSON, J. Programme management: a critical review. **International Journal of Project Management**, vol. 22, n. 4, p. 289-299, 2004.

MAMEDE, W. Proposta de Análise segundo a teoria da mudança: do Ciência sem Fronteiras ao Programa Institucional de internacionalização. **I Seminário de avaliação de políticas de C,T&I**, 2018.

MARTINSUO, M.; HOVERFÄLT, P. Change program management: toward a capability for managing value-oriented, integrated multi-project change in its context. **International Journal of Project Management**, vol. 36, n. 1, p. 134-146, 2018.

PELLEGRINELLI, S. Programme management: organising project-based change. **International Journal of Project Management**, vol. 15, n. 3, p. 141-149, 1997.

PELLEGRINELLI, S.; MURRAY-WEBSTER, R.; TURNER, N. Facilitating organizational ambidexterity through the complementary use of projects and programs. **International Journal of Project Management**, vol. 33, n. 1, p. 153-164, 2015.

PMI. **The Standard for Program Management.** 4th.ed. Newtown Square, PA: Project Management Institute, 2017b.

PMI. **Um guia de conhecimento em gerenciamento de projetos:** PMBOK® Guide. 6.ed. Newtown Square, PA: Project Management Institute, 2017a.

POLLACK, J. Transferring knowledge about knowledge management: Implementation of a complex organisational change programme. **International Journal of Project Management**, vol. 30, n. 8, p. 877-886, 2012.

RITSON, G.; JOHANSEN, E.; OSBORNE, A. Successful programs wanted: Exploring the impact of alignment. **Project Management Journal**, vol. 43, n. 1, p. 21-36, 2012.

ROGERS, P. J. et al. **Program Theory Evaluation:** challenges and opportunities, new directions in evaluation series. San Francisco, CA: Jossey-Bass, 2000.

ROGERS, P. **Using Programme Theory to Evaluate Complicated and Complex Aspects of Interventions.** RMIT University, Melbourne, Australia: SAGE Publications, 2008.

SHAO, J.; MÜLLER, R.; TURNER, J. R. Measuring program success. **Project Management Journal**, vol. 43, n. 1, p. 37-49, 2012.

SHEHU, Z.; AKINTOYE, A. Construction programme management theory and practice: Contextual and pragmatic approach. **International Journal of Project Management**, vol. 27, n. 7, p. 703-716, 2009.

THIRY, M. **Program Management.** 2nd.ed. Surrey, Engl.: Gower Publishing, 2015.

WIKIPÉDIA. **Objetivos de Desenvolvimento do Milênio.** Disponível em: <https://pt.wikipedia.org/wiki/Objetivos_de_Desenvolvimento_do_Mil%C3%AAnio>. Acesso em: 21 maio 2024.

WIKIPÉDIA. **Objetivos de Desenvolvimento Sustentável.** Disponível em: <https://pt.wikipedia.org/wiki/Objetivos_de_Desenvolvimento_Sustent%C3%A1vel>. Acesso em: 21 maio 2024.

Sobre a Brasport

Há 29 anos, a Brasport é referência em publicações de tecnologia, gestão e carreira.

Nosso catálogo, disponível em **www.editorabrasport.com.br**, é composto por obras que você encontra tanto em livrarias físicas, como na Amazon e em eventos especializados.

Além disso, nossas publicações estão acessíveis em uma plataforma digital que alcança 4 milhões de assinantes, distribuídos em 900 universidades e empresas.

Quer se unir a essa trajetória de sucesso? Entre em contato conosco pelo e-mail: **administrativo@brasport.com.br**

BRASPORT